宁夏大学优秀学术著作出版基金项目

宁夏大学优秀学术著作丛书

宁夏地方行政制度变迁研究
（1929—1949）

▶ 周学勤／著 ◀

中国社会科学出版社

图书在版编目(CIP)数据

宁夏地方行政制度变迁研究：1929～1949/周学勤著.
—北京：中国社会科学出版社，2016.5
ISBN 978-7-5161-6648-2

Ⅰ.①宁…　Ⅱ.①周…　Ⅲ.①地方政府—行政管理—
政治制度—研究—宁夏—1929～1949　Ⅳ.①D693.62

中国版本图书馆 CIP 数据核字(2015)第 166989 号

出 版 人	赵剑英
责任编辑	郭晓鸿
特约编辑	王　彬
责任校对	韩海超
责任印制	戴　宽

出　　版	中国社会科学出版社
社　　址	北京鼓楼西大街甲 158 号
邮　　编	100720
网　　址	http://www.csspw.cn
发 行 部	010－84083685
门 市 部	010－84029450
经　　销	新华书店及其他书店

印　　刷	北京君升印刷有限公司
装　　订	廊坊市广阳区广增装订厂
版　　次	2016 年 5 月第 1 版
印　　次	2016 年 5 月第 1 次印刷

开　　本	710×1000　1/16
印　　张	13.5
插　　页	2
字　　数	246 千字
定　　价	59.00 元

目　录

插图目录

附表目录

前　言

在研究地方行政制度时，需要明确其研究的重要性。一般而言，"中央政府必须通过各级地方政府才能管理国家，因此国家的发展与社会的进步无不有赖于中央与地方行政制度的协调与完善，尤其地方政府是联系中央与民众的中介机构，基层地方政府更是直接管理的行政机构，因此在某种意义上来说，地方行政组织的重要性有时还超过中央政府。"①

"地方"的概念是相对于"中央"存在的，从这个意义上讲，地方行政制度是相对于中央行政制度而存在的。在中国，地方行政制度与中央集权制产生的时间是一致的。② 商、周两代的政治制度还不是中央集权制，它是由昭穆制、宗法制与封建制组成的。封建制的基本特征是分土而治，因各自为政而无所谓中央与地方之行政关系。春秋战国时期，社会经过巨大变动，诸侯国国君逐渐掌握专制权力，逐渐形成郡县制。由封建变郡县标志着地方行政制度的产生，③ 并在秦以后两千年的统治中，在中央集权和官僚政治的精神下构成了基层行政组织的基本架构。

---

① 周振鹤：《中国地方行政制度史》，上海人民出版社 2007 年版，第 1 页。
② 严耕望：《严耕望史学论文集》，上海古籍出版社 2009 年版，第 855 页。
③ 周振鹤：《中国地方行政制度史》，上海人民出版社 2007 年版，第 251 页。

对于"中央集权制"的分析涉及行政制度的形式，也就相应地涉及政治制度的形式，即"政体"。亚里士多德依据统治者人数的多少以及统治目的的不同将政体进行分类，并指出"那些为着公共利益的政体是正确的，是按照绝对正义建立起来的。而那些仅仅为着统治者自身利益的政体则全都是错误的，偏离了正确的政体"。[①] 这种对政体的关注在西方思想史中普遍存在。[②]

如前所述，中国古代比较重视政治制度或行政制度，但进行专门研究的很少，并且经常将"政体"作为类似行政制度的表述。中国历代思想家和历史学家的政治文化对于行政制度的分析也很少，而且儒家、法家、墨家和道家围绕治国理念和治国方式的分析与西方差异很大。因为一般而言，"政体"关注政治秩序的形式，而中国古代更关注政治秩序的实质，也就更强调政治体制运作的策略、方法、目标与途径。[③]

19 世纪末 20 世纪初，西学开始广泛影响中国政界与学界。1902 年梁启超在引入"政体"的概念时曾指出："政体分类之说，中国人脑识中所未尝有也"，并在历史维度下将"专制政治"分为若干进化阶段。[④] 历史学家吕思勉也提道："政体可以分类，昔日所不知也。"同时，受孟德斯鸠将中国划归为"专制国"[⑤] 的影响，一些戊戌变法时的思想先驱开始对近代以来中国的"专制政体"进行深刻反省和批评。孙中山则接受三权分立的观点，对治国的方式进行相应思考。他曾说"政是众人之事，集合众人之事的大力量，便叫做政权，即民权；治是管理众人之事，集合管理众人之

---

① [古希腊] 亚里士多德：《政治学》，颜一、秦典华译，中国人民大学出版社 2003 年版，第 22 页。

② Clifford Angell Bates, Jr., *Aristotle's "Best Regime": Kingship, Democracy, and the Rule of Law* (Baton Rouge: Louisiana State University Press, 2003), p. 62.

③ 参见王绍光《民主四讲》，上海三联书店 2008 年版。同时，参见虞崇胜《中国行政史》，高等教育出版社 1999 年版。

④ 梁启超：《中国专制政治进化史论》，(1902 年)，见《梁启超全集》第 3 卷，北京出版社 1999 年版，第 771 页。

⑤ [法] 孟德斯鸠：《论法的精神》上册，张雁深译，商务印书馆 1987 年版，第 129 页。其中孟德斯鸠提到"中国的专制主义，在祸害无穷的压力之下，虽然曾经愿意给自己戴上锁链，但都徒劳无益，它用自己的锁链武装了自己，而变得更为凶暴。"

事的大力量，便叫做治权，即政府权。"①

在研究行政制度时，本土政治思想家往往仍然采用传统思维来思考问题。对中国政治制度和行政制度的表述，史学界经过几代历史学者的积累，形成一个被普遍认可的观点，即中国古代是专制主义的中央集权的官僚政治体制。在这种体制下，通过德治、礼治、法治、贤治和道治的运用，事实上形成了重视制度的传统，对近代的中国政治产生了重要影响。但同时也强调，这种重视的程度和侧重点与西方是有差别的。②

由此可以看出：对于近代特定时期地方行政制度的专门研究涉及古今行政观念的变化，中西行政观念的碰撞和磨合，是一种难度较大的探索性研究。涉及宁夏这样一个西北地区地方行政制度的考察，研究的难度似乎更大。在研究特定时期（1929—1949）宁夏地方行政制度时，人们的关注点往往会落在对于西北军阀和西北回族社会的整体性研究上，更多地涉及对官僚制与军阀集团的关系，另外，还涉及伊斯兰教和儒家文化的关系。

此时期宁夏地方行政制度的发展与官僚制、军阀的研究紧密相连，其实也正反映出行政制度在二者集团力量整合下所具有的阶段性价值。正如有些学者所认为的，在"专制政治出现的瞬间，就必然会使政治权力把握在官僚手中，也就必然会相伴而带来官僚政治。官僚政治是专制政治的副产物和补充物"③。另有些学者这样描述政府、官僚和军阀的关系，即"官僚资本的形成通常以掌握政权作为前提条件，而掌握武装又是建立政权的基础。民国时期政府对于官僚资本违法行为一味包庇袒护，或轻描淡写地处理，或不了了之"④。此时期宁夏"马家军"正是在行政制度维护下取得其政治合法性和正当性，依靠相应的政权力量和各项特权，才使得地方军阀集团得以在短短几年中迅速膨胀，形成特有的垄断势力。还有学者从极权和特权的角度出发，分析了官僚制度下行政组织的分化和整合。政治的

---

①　孙中山：《孙中山全集》第9卷，中华书局1985年版，第347页。

②　虞崇胜：《中国行政史》，高等教育出版社1999年版。

③　王亚南：《中国官僚政治研究》，中国社会科学出版社2005年版，第5页。

④　孔经纬：《奉系军阀官僚资本》，吉林大学出版社1989年版，第2、130页。

运作方式所决定的特定行为模式是体制性的，因而它不仅不会被克服，而且最终使一切监控措施失去效用。行政制度价值此时进一步表现出其对整个行政体制的整合作用，它使得行政组织内部层序结构趋于一致，同时强化了行政组织之间的相互联系。通过整合使整个行政体制成为一个系统，把各个官署联结成为一个权力场。① 综合来看，此时宁夏地方行政制度所建构的地方社会充分表现出中国传统政治社会所独有的本质特征，即从身份角度说，是"官本位"的社会；从管理角度说，是"行政化"的社会；从结构角度说，是"组织化"的社会。②

此外，儒家文化和伊斯兰教文化的结合对于民国时期宁夏地方行政制度阶段性价值的贡献也不能视而不见。马福祥于 1922 年出任绥远都统时，为重印《天方典礼》③ 作序时对《天方典礼》进行了概括性的说明和评价。在文中点明了其作序的最重要目的就是要与"他教"人士"互换知识，共进文明"，消除隔阂，弥补"吾教人之憾"，解"人心世道之忧"，故欲"广传斯书，输之各界"。1930 年，马福祥被任命为蒙藏委员会委员长等职，于是移居南京，当时他在研究伊斯兰教经典时曾说道："尝闻学者曰：'吾圣穆罕默德，为圣中之至贵者。'余以为亦如儒教孔子、道教老子、佛教释迦牟尼也。"④ 马鸿逵对于伊斯兰教和儒学思想的结合，是在其父马福祥理念的基础上进行的创新，同时，他识时务地与"党义"结合在一起。他指出"回教教义以敬天爱人为主旨，而以正伦理，卫国家，谋人类之乐利，致世界于大同为依归，其大体与吾国历来政教文化及现今之党义，几乎无不吻合"⑤ ——这些理念对其统治下的政治共同体无疑起到一定的

---

① 刘笃才：《极权与特权——中国封建官僚制度读解》，辽宁大学出版社 1994 年版，第 188 页。

② 阎步克：《以"制度史"观认识中国历史》（见王绍光主编的《思想政治秩序：中西古今的探求》中有关"中国古代政治体制：理论与实践"主题论文），上海三联书店 2012 年版，第 147 页。

③ 《天方典礼》：中国伊斯兰教教义著作，亦名《天方典礼择要解》。由清代著名伊斯兰教学者刘智著，全书共 20 卷。"五典"是在第 10—13 卷讲述的，它包括夫妇、父子、君臣、兄弟、朋友间的关系及道德规范。下文中以《典礼》代之。

④ 丁明俊：《论马福祥在现代回族文化教育史上的地位》，载于《回族研究》1998 年第 4 期。

⑤ 马鸿逵：《十年来宁夏省政述要》，民国宁夏省政府秘书处编，第八册，1942 年版，第 76 页。

凝聚和整合作用。从这个角度考虑，在研究制度时，必须还要研究文化，即要研究制度中的文化及文化中的制度，因为"文化"是指共同持有的信念、规范、价值观和行事方式①，而制度的形式恰恰包含了文化及价值秩序的意蕴。

地方行政制度作为实现一定社会价值的工具，在由诸多行动者所构成的复杂制度场域中行动，同它所要实现的目标以及一系列复杂的人类价值相结合，才能获得行动的正当性和合法性。在这种集体行动的制度安排下，就必须将制度的行动者与内外部的行动者置于一个互动性网络中分析②。在以往研究中暗含了"民国时期宁夏省地方行政制度"与诸多社会因素的互动关系的分析，然而在这种分析中如果不结合相关的行政学理论，那么就无法从平面化和片面化理论中抽离出对于"制度"本身所具有的内在困境和冲突的分析，也无法从错综复杂甚至自相矛盾的制度设计和制度运行中找到制度改进的路径。

对于民国时期宁夏地方行政制度的研究必然涉及方法论的问题，即如何将行政学与历史学结合起来进行研究。由于行政学在研究"制度"时往往偏向于结构功能主义理论，表现出与历史学研究方法上的内在冲突。这些冲突最集中地体现在"制度"研究本身容易导致的"非动态化"倾向和"形式化"倾向，由此本书引入"历史制度主义"以避免这两个方面的缺陷，展开历史学和行政学在"制度"研究交叉领域中的探索。

---

① ［德］彼得·瓦格纳：《并非一切坚固的东西都烟消云散了——社会科学的历史与理论》，李康译，北京大学出版社 2011 年版。

② 韩志明：《行政责任的制度困境与制度创新》，经济科学出版社 2008 年版，第 76 页。

绪　论

第一节　概念界定

一　行政

中外对于"行政"一词的解释随社会发展而不断变化。

（一）古代"行政"一词的起源

古代中国，"行，人之步趋也"；"政，从攴从正。"① 后来，"行"转为"推行"之意，"政"转为"以强力施行正义"或"国家权力"之意。例如，在《左传》中可见"行其政事""行其政令"。"行""政"连用最早始于《管子》《孟子》和《史记》等书，并且在这些文献中"行政"多与"天子"相关，"行政"开始具有"治理国家事务"的含义②。在《史记》中可见"成王少，周初定天下，周公恐诸侯叛周，公乃摄行政当国。"后又记"周公行政七年，成王长，周公反正成王……"在国外，最早出现与"行政"相近意味的词汇，被认为是拉丁文中的"Adminiatrare"。古希腊的亚里士多德（Aristotle）提出了著名的政体三要素论，在《政治学》一书

---

① 许慎撰，徐铉校定：《说文解字》，中华书局 2004 年版。
② 张立荣：《中外行政制度比较》，商务印书馆 2002 年版，2012 年第 10 次印刷，第 1 页。

中首次将国家政权划分为议事权、行政权和审判权，并认为国家之治乱以三权是否调和为转移①。《马克思恩格斯全集》中也可见"行政"一词，用以指"国家组织的活动"。② 这些与后期提出的行政概念有一定的内在联系。

（二）近代中国学者从西方引入对"行政"的研究

近代西方学者对"行政"进行过多方面阐释，依出发点不同可分为三类：

第一，从三权分立的角度。

1690年洛克（John Locke）出版了《政府论》③，对权力分立理论有详尽描述。孟德斯鸠（C. L. Montesquieu）1748年在《论法的精神》④中，将国家权力分为立法权、行政权和司法权。并提出通过法律规定，将三种权力分别交给三个不同国家机关管辖，既保持各自权限，又要相互制约保持平衡。1900年古德诺（Frank J. Goodnow）从功能角度进行解释，认为行政是"政府的功能之一"⑤。1927年，魏劳毕（W. F. Willoughby）提出"行政是政府组织中行政机关所管辖的事务。"⑥ 其中提到行政机关所行使的行政权与三权分立理论中的行政权是一致的。

第二，从行政与政治分离的角度。

1887年威尔逊（W. Wilson）提出"行政应该处于政治领域之外，行政问题不是政治问题。"他从政治与行政分离的角度，指出"尽管政治为行政确定目标，但是不应该操纵行政活动……通过这种区分，我们能实现民主的回应性和行政能力之间的平衡。"⑦ 1937年古利克（L. Gulick）在反对政治行政二分法的同时，强调用科学的方法理解行政的重要性⑧。

---

① ［古希腊］亚里士多德：《政治学》，颜一、秦典华译，中国人民大学出版社2003年版，第104—124页。

② 《马克思恩格斯全集》第1卷，人民出版社1956年版，第479页。

③ ［英］洛克：《政府论》，刘晓根译，北京出版社2007年版。

④ ［法］孟德斯鸠：《论法的精神》，严复译，上海三联书店2009年版。

⑤ ［美］F. 古德诺：《政治与行政》，华夏出版社1987年版，第12页。

⑥ ［美］魏劳毕：《行政学原理》，约翰·霍普金斯出版社1927年版，第1页。

⑦ W. Wilson, *The Study of Administration*, Political Science Quarterly 2, June, 1887, p. 197.

⑧ L. Gulick & L. Urvick, *Papers on the Science of Administration*, Institute of Administration, N. Y., 1937, p. 187.

第三，从管理和集体合作的角度。

西蒙（Herbert A. Simon）和费富纳（John M. Pfiffner）都认为行政是一种集体的努力与合作，而后者更侧重从协调艺术的角度理解行政[1]。

受西学的影响，中国学者也开始对中国的"行政"进行研究。由于西方国家与中国在诸多方面的差异，行政学本土化过程中有一定变化。清末，中国学者引入对西方行政学的研究，翻译了相关著作。孙中山在辛亥革命时期，由于受到三权分立思想的影响，结合欧美宪法和中国传统，形成"五权宪法"，建立了行政、立法、司法、监察、考试五院分立制度。1927年，《行政科学论文集》等著作的发表标志着中国行政学"从行政主体研究阶段"进入"行政过程研究阶段"。1934年由政府主办成立"行政效率研究会"，专门从事行政管理问题的研究，并出版了《行政效率》半月刊。1935年张金鉴在其著作《行政学理论与实际》中指出"'政治'是众人事务之管理，其范围极广。'行政'是政治中一部分特别事务之管理或方策之执行，其范围颇小。"[2]

在此阶段，中国学术界有关"行政"的解释，反映出对西方行政学理论的借鉴，也体现出对中国古代传统行政思想的继承和发展。

（三）1978年以后中国学者对行政的认识

新中国成立后，中国行政学的学术研究经历了波折。1978年后，行政研究逐渐开始恢复。1984—1989年，国内出版了大量"行政学基础理论"的著作，对行政的概念进行了多方面的研究和讨论。此时，为区别于新中国成立前的研究和我国台湾学者的研究，并强调行政中的管理功能，故将"行政学"冠以"行政管理（学）"之名。由此，在行政概念本土化的过程中，将对"行政"的讨论转变为对"行政管理"的讨论。

20世纪90年代初，随着西方公共行政管理学的兴起，国内也开始了相应学科的研究。此时，"公共行政管理学"被通称为"行政管理学"，又称"行政学"。可以看出，此时行政概念国际化的要求使得国内

---

[1]　J. M. Pfiffner, *Public Administration*, Ronald, N. Y., 1955, p. 6.

[2]　张金鉴：《行政学理论与实际》，上海商务印书馆1935年版，第1页。

"行政管理"的概念与"行政"的概念逐渐统一。故国内学者对行政的解释往往与行政管理的解释是一致的,又依行政主体范围的大小不同,形成了不同观点:

第一,认为仅行政机关是行政主体。

此类观点认为:"行政就是国家行政部门为实现代表统治阶级意志的国家目的和任务,而对所属的国家职能和国家事务的组织管理活动的总称。"① 或者主张行政是"国家政务的管理活动"②,这里的管理不包括国家立法机关和司法机关的管理,也不包括企事业单位的管理,因而立法、司法机关、企事业单位以及社会团体的活动都不算行政。从这个意义上说,行政学就是政府学。

第二,认为行政、立法、司法机关都是行政主体。

此类观点认为:"行政是行使国家权力的管理,凡不属于国家机关的管理活动,便不属于行政。"③ 在我国,国家机关的管理既指行政机关的管理活动,又包括立法和司法机关的管理活动。此类观点也被称作广义的政府管理理论,它在上面观点基础上将行政主体的范围进行扩展。

第三,认为行政、立法、司法机关是主体,且事业单位机关也是行政主体。

此类观点认为"社会主义国家的行政管理是管理整个社会的,不仅包括国家行政机关的管理,而且包括立法、司法以及事业单位的行政管理。"④ 这也被称作广义的行政管理,它将行政主体的范围进一步扩大。

第四,将行政分为狭义和广义两种。

此类观点认为行政在"狭义上指政府行政部门的管理工作,广义兼指

① 周世述:《行政管理学通论》,劳动人事出版社1989年版,第4页。相同观点的还有谭健主编:《现代行政管理手册》,辽宁人民出版社1987年版,第1页。
② 黄达强、刘怡昌:《行政学》,中国人民大学出版社1988年版,第3页。
③ 夏书章:《行政管理学》,山西人民出版社1985年版,第5页。相同观点的还有傅明贤等主编:《行政管理学概论》,武汉大学出版社1988年版,第4页。
④ 唐代望主编:《现代行政管理学教程》,湖南科学技术出版社1988年版,第3页。相同观点的还有孙荣等主编:《行政管理学概论》,同济大学出版社1988年版,第2页。

国家立法、行政、司法部门乃至其附属单位的管理工作。企事业单位的某些管理工作也叫作行政管理，社会主义国家的党、团、工会、妇联等大型组织的管理工作也应该是行政部门和学术界所关心的对象。"① 还有些观点虽然在表述上有所不同，但也认为行政有狭义和广义之分。② 在这里，狭义与广义的行政概念对主体范围进行了较为全面的界定，在一定程度上将以上观点统一起来了。

本书的行政概念考虑到研究主题的特定时期，同时考虑到研究的集中性和深入性，主要采用狭义观点："行政是指国家各级行政机关，依据法律行使权力，对国家的政治、经济、文化和教育等方面的社会事务进行管理的活动"③。

二　行政制度

中国古人讲治国理政之"道"而不讲"政体"，但并不意味着古人不重视制度。中国的政治思想传统中早就有"制度"这个概念。④ 周朝时，已经有一些制度具有当今"行政制度"的意味。周朝时中央机构设三公六卿制，秦汉时确立了三公九卿制。随着中央集权制度在历代王朝的形成和发展，选官、爵位、俸禄、考课、监察、官学、致仕（退休）、丧葬抚恤等一系列制度逐步建立。隋唐时期，逐渐开始实行科举制，形成较为完备的选官制度，科举制对西方文官制度的产生和发展有着重大影响。如果从治国理政之道的角度看制度，则包括"宪制（礼、乐、律令、典章、制度）、最高权力（皇帝、称号、君权、朝议、宗庙、祭祀、封禅、宗室、藩王、后妃、外戚、宦官、储君、亲王、世袭、继承、废立、陵寝）、中枢机构（宰相、相权、内阁、谏议、封驳）、政府机关（六部、属司、寺

---

① 李方：《行政管理学纲要》，中国劳动出版社 1989 年版，第 9 页。
② 王沪宁、竺乾威主编：《行政学导论》，上海三联书店 1988 年版，第 3 页。
③ "政治"与"行政"的区别在于政治是国家政策的制定，行政是国家政策的执行，是一种技术和方法。政治主导行政，行政从属政治。政治和行政同是历史社会现象，都在一定的经济基础上为上层建筑服务。
④ 王绍光主编：《思想政治秩序：中西古今的探求》，上海三联书店 2012 年版，第 17 页。

监、大臣)、官僚系统运作(诏令、职官、察举、选举、科举、铨选、监察、征辟、刑法、赋役)、中央与地方关系(封建、郡县、记薄、四夷、安边)以及兵制",等等。① 可以说古人一直是在"治道"的政治思想框架下考虑制度问题,只是一直没有用专门的词汇进行归纳和研究。

在古代中国没有提到所谓"行政制度",而与之相近的"政治制度"一词也是直到清末才开始出现。随着行政学在中国的发展,到1978年后,中国才逐渐出现对"行政制度"内涵的系统研究。学术界对于行政制度的定义因侧重点不同而有所区别,主要有以下几种:

(一)强调行政主体的重要性

俞可平将行政制度定义为"国家的公共事务管理和决策制度,也就是我们日常所说的政府制度。"② 唐晓主张行政制度是"国家为了有效地执行宪法和法律,实现国家的行政职能而依法规定的有关国家行政权限、行政组织、行政领导体制、行政活动及行政监督等方面的制度。"③ 此类定义突出行政主体的地位,强调任何制度都必须通过一定的行政主体才能够实施。

(二)强调行政权力的合法性

徐育苗提出行政制度是"指对国家行政机关及其活动所确立的法律规范体系。"④ 这个定义实质在强调行政制度的核心内容应该是行政权力机制的法定原则。王圣诵的观点也有相同的意味,他指出"行政执行管理制度是指以宪法、法律、法规为基本内容构成的一整套规则体系及其实现机制,是不同的社会群体为了存续和利益分配而在交互作用过程中,通过复杂的交易方式共同选择、共同安排且必须共同遵守的关于社会行为的规则体系"。此观点更符合现代行政管理的观点,在强调"共同性"的同时,其实暗含了对行政权力的合法性、制约性甚至是惩罚性的表达。

---

① 王绍光主编:《思想政治秩序:中西古今的探求》,上海三联书店2012年版,第18页。
② 俞可平:《当代各国政治体制——中国》,兰州大学出版社1998年版,第89页。
③ 唐晓、王为、王春英:《当代西方国家政治制度》,世界知识出版社1996年版,第177页。
④ 徐育苗主编:《当代中国政治制度研究》,湖北人民出版社1993年版,第176页。

（三）强调行政结构的多层次性

张永桃认为行政制度是"由国家宪法和有关法律、法规所确定的国家各级各类行政机关的地位、职能、权限、相互关系以及活动原则的总称。"①其中提到国家各级各类行政机关，是指行政制度必然具有上、中、下甚至分层更细的多层次结构，且不同层次之间相互关联、彼此制约。

借鉴已有定义，并充分考虑特定时期的内外部行政环境，本书的行政制度主要指：国家在法律框架下所规定的，对有关行政机关的产生、职能、权限、组织结构、领导体制、活动规程等方面进行规范，对政府体制内各权力主体关系形态进行制约。它是一定行政主体在多层次的行政结构下对行政权力体制的法定约束规则。②

三　地方行政制度

在对地方行政制度的定义中，一般基于对地方行政制度起源的追溯，同时考虑到历史变迁的因素，确定地方行政制度的研究对象和研究范围有一定的必要性。下面就对比较有代表性的观点进行探讨。

严耕望是中国研究地方行政制度的重要学者，20 世纪 60 年代他完成并出版了《中国地方行政制度史（甲部：秦汉地方行政制度）》和《中国地方行政制度史（乙部：魏晋南北朝地方行政制度）》。在其著作中对地方行政制度的起源有这样的看法："西周尚为宗法封建时代，无地方行政制度可言。东迁以后，封建制度逐渐解体，至春秋战国之际，形成中央集权式之新军国，遂有所谓郡县制度，以官僚组织代替世袭采地，此实为中国地方行政制度之始。"也就是说以郡县制度作为地方行政制度在中国的起

---

① 张永桃主编：《当代中国政治制度》，高等教育出版社 1990 年版，第 143 页。

② "制度"与"体制"是不同的两个概念。制度是指由行为主体所建立的调整交往活动主体之间以及社会关系的具有正式形式和强制性的规范体系；体制是制度形之于外的具体表现和实施形式。"制度"要宏观一些，"体制"要微观一些。"制度"包含"体制"在内。行政制度和行政体制的分别也在于此。同时，政治制度和行政制度也不同，政治制度是宪法层面的对国家机构（上层执政或行政部门）的法律规定，行政制度是普通法律层面的对国家机构（上层执政或行政部门）中的理解执行和判断环节的规定，前者可以称为原始标准，后者可以称为具体标准。

源。此外，还指出地方行政制度需要研究的问题，即"以行政区之划分、行政权之分配与各级地方政府之组织为骨干……至于历代制度之利弊得失与人才运用，为篇幅所限，仅于约论中粗有述议，以见梗概。"[1]

周振鹤在其著作《中国地方行政制度史》中指出地方行政制度"是国家发展至一定阶段以后的产物，……地方行政制度产生于中央集权制形成的同时，不可能凭空而来"，"由封建变郡县标志着地方行政制度的产生"这一观点与严耕望完全相同。文中还明确指出"可以把公元前514年晋国设置十县的行动作为地方行政制度萌芽的标志"，"地方行政制度的形成并不单是地方一头的事，同时也是中央集权已经产生的标志。"[2] 他认为"地方行政制度由行政区划和地方政府组成"，由此确定地方行政制度的研究应由两方面内容组成：一为行政区划；二为地方政府，亦即地方行政组织。

张立荣在其著作《中外行政制度比较》中对地方行政制度有一些研究。文中认为"地方行政制度亦即地方政府制度"[3]，且对其内涵进行了研究，指出地方行政制度是"关于国家特定区域内行使部分国家权力，管理国家事务和地方事务的地区政府的规则"。[4] 作者将中国型地方政府分为一般地方政府、民族自治地方政府和特别行政区政府三种类型，并以三种类型分别研究了政府体制和政府职权。此观点因为是以现实为基础的研究，与地方行政制度史的研究在方法和视角上都有所区别。但其集中于地方政府体制和地方政府职权的研究，在研究范围上与以上观点接近。

结合本书研究主题，借鉴相关研究成果，本书中地方行政制度是指特定区域内各级地方政府的活动原则，包含对行政区划、层级结构、行政人员组成、行政机构、行政职权分配、行政工作制度等进行法定约束的一整

---

① 严耕望：《严耕望史学论文集》，上海古籍出版社2009年版，第855页。
② 周振鹤：《中国地方行政制度史》，上海人民出版社2005年版，第7—21页。
③ 此观点基于作者对"行政"内涵的解释，即"狭义的政府管理，行政主体只有行政机关，行政学就是政府学"。
④ 张立荣：《中外行政制度比较》，商务印书馆2002年版，2012年第10次印刷，第172—175页。

套规则，是中央与地方行政权力分配在形式上的反映。

在明确本书地方行政制度概念的基础上，还需要通过分析学术界的研究现状，以此引出本书的选题缘由、意义及基本的理论观点。

第二节　研究现状

一　行政制度的研究现状

（一）在中国政治史和中国政治制度史中的研究

民国时期的此类著作有常乃德的《中国政治制度小史》（上海爱文书局 1928 年版）、陈之迈的《中国政制建设的理论》（商务印书馆 1929 年版）、张慰慈的《政治制度浅说》（上海神州国光社 1930 年再版）、许崇灏的《中国政制概要》（商务印书馆 1943 年版）、曾资生的《中国政治制度史》（重庆南方印书馆 1943 年版；重庆文风印书馆 1944 年版）、吕思勉的《中国政治制度小史》（亚光印书馆版）、喻亮的《中国政治制度概论》（经世学社 1947 年版）、杨熙时的《中国政治制度史》（商务印书馆 1947 年版）、王亚南的《中国官僚政治研究》（时代文化出版社 1948 年版）等。以上都主要研究政治史。此外，还有以研究中央政府为主的，包括董霖的《中国政府》（世界书局 1941 年版）、陈之迈的《中国政府》（商务印书馆 1947 年和 1948 年陆续出版）等；以研究典章制度为主的，包括范文澜的《中国通史简编》（新华出版社 1942 年版）、吕思勉的《中国通史》（开明书店 1946 年版）、翦伯赞的《中国史纲》（生活书店 1946 年版）等。

当代著作包括邵德门的《中国政治制度史》（吉林人民出版社 1988 年版）、韦庆远的《中国政治制度史》（中国人民大学出版社 1989 年版）、张永桃的《当代中国政治制度》（高等教育出版社 1990 年版）、储考山的《中国政治制度史》（上海三联书店 1993 年版）、徐育苗的《当代中国政治制度研究》（湖北人民出版社 1993 年版）、王国平等人的《中国政治制度史纲》（江苏教育出版社 1995 年版）、杨阳的《中国政治制度史纲要》（中国政法大学出版社 2001 年版）、王守法的《中国政治制度史》（山东人民出版社 2002 年版)、杨鸿年的《中国政制史》(武汉大学出版社 2005 年版)、白钢的《中国政治制度史》(社会科学文献出版社 2007 年版)、左言东的《中国政治制度史》(浙江大学出版社 2009 年版)等。

在这些著作中一般包含了各朝代的政治制度,对每一朝代都进行了概括性论述,同时将地方行政制度的内容融入其中,在时间和空间上都以总体性论述为主。

(二) 在中国行政史和中国行政制度史中的研究

相比政治制度史而言,对于行政制度史的研究在民国和当代均少见。

民国时期主要有江康黎的《行政学原理》(上海民智书局 1933 年版)、张金鉴的《行政学理论与实际》(商务印书馆 1935 年版)、林叠的《行政学大纲》(华侨半月社 1935 年版)等。

当代著作主要有黄崇岳的《中国历朝行政管理》(中国人民大学出版社 1998 年版)、秦闻一的《中国行政制度史纲》(中州古籍出版社 1991 年版)、虞崇胜的《中国行政史》(高等教育出版社 1999 年版)等。在虞崇胜的论著中将民国时期的行政制度进行了以时间为线索的详细研究,同时对此阶段行政制度的特点进行了总结。

(三) 在中华民国史中的研究

此类著作有中国社会科学院近代史研究所编的《中华民国史资料丛稿:大事记》(中华书局 1973 年版)、费正清的《剑桥中华民国史(下卷)》(中国社会科学出版社 1994 年版)、曾景忠的《中华民国史研究述略》(中国社会科学出版社 1992 年版)、中国第二历史档案馆的《中华民国史档案资料汇编》(凤凰出版社 1999 年版)、李新主编的《中华民国史:人物传(全八册)》(中华书局 2011 年版)、李新主编的《中华民国史(全十二卷)》(中华书局 2011 年版)、张宪文的《中华民国史(1—4 卷)》(南京大学出版社 2012 年版)。此类著作对中华民国进行全面研究,对地方行政制度的研究往往是一种宏观的视角,对具体地区的研究不足。

(四) 在中华民国政治制度史中的研究

民国时期的著作有钱端升等的《民国政制史》(商务印书馆 1946 年

版）。书中介绍了 1911—1936 年民国政治制度的设置和沿革，客观地叙述了变迁经过，具有很高的学术价值。

当代著作包括钱实甫的《北洋政府时期的政治制度》（中华书局 1984 年版）、李进修的《中国近代政治制度史纲》（求实出版社 1988 年版）、林代昭等人的《中国近代政治制度史》（重庆出版社 1988 年版）、史远芹等人的《中国近代政治体制的演变》（中共党史出版社 1990 年版）、王永祥的《戊戌以来的中国政治制度（1898—1988 年）》（南开大学出版社 1991 年版）、袁继成等人的《中华民国政治制度史》（湖北人民出版社 1991 年版）、徐矛的《中华民国政治制度史》（上海人民出版社 1992 年版），林炯如等人的《中华民国政治制度史》（华东师范大学出版社 1995 年版）、孔庆泰等所著的《国民党政府政治制度史》（安徽教育出版社 1998 年版）等。

此类著作主要探讨了民国时期政治制度及行政制度的发展阶段和变迁规律，在地域上侧重从全国的宏观视角进行分析。

（五）在专项制度史中的研究

民国时期的著作有高一涵的《中国御史制度的沿革》（商务印书馆 1926 年版）、邓定人的《中国考试制度研究》（民智书局 1929 年版）、黄坚叔的《中国军制史》（商务印书馆 1930 年版）、高一涵的《中国内阁制度的沿革》（上海商务印书馆 1933 年版）、邓嗣禹的《中国考试制度史》（考选委员会 1936 年版）、闻钧天的《中国保甲制度》（直学轩 1936 年版）、秦松石的《中国历代兵制概要》（南京军用地图社 1937 年版）、徐式圭的《中国监察史略》（中华书局 1937 年版）、李俊的《中国宰相制度》（商务印书馆 1947 年版）等。

当代此类著作较多，主要有顾树森的《中国历代教育制度》（江苏人民出版社 1981 年版）、中国社会科学院法学研究所法制史研究室编的《中国警察制度简论》（群众出版社 1985 年版）、孟昭华与王明寰的《中国民政史稿》（黑龙江人民出版社 1986 年版）、臧云浦等的《历代官制兵制科举制表释》（江苏古籍出版社 1987 年版）、李铁的《中国文官制度》（中国政法大学出版社 1989 年版)、周继中主编的《中国行政监察》(江西人民出版社 1989 年版)、谢重光与白文固的《中国僧官制度史》(青海人民出版社 1990 年版)、邱永明的《中国监察制度史》(华东师范大学出版社 1992 年版)、赵云田的《中国边疆民族管理机构沿革史》(中国社会科学出版社 1993 年版)、陈茂同的《中国历代选官制度》(华东师范大学出版社 1994 年版)、奇秀的《中华古典行政机构设置体制》(山东大学出版社 1997 年版)、郑学檬主编的《中国赋役制度史》(上海人民出版社 2000 年版)、王立民主编的《中国法律制度史》(上海教育出版社 2001 年版)、李国均与王炳照总主编的《中国教育制度通史(第七卷)》(山东教育出版社 2004 年版)、黄惠贤和陈锋的《中国俸禄制度史》(武汉大学出版社 2005 年版)、中国军事史编写组的《中国历代军事制度》(解放军出版社 2006 年版)、余华青的《中国宦官制度史》(上海人民出版社 2006 年版)、黄天华的《中国税收制度史》(华东师范大学出版社 2007 年版)、那思陆的《中国审判制度史》(上海三联书店 2009 年版)、邓嗣禹的《中国考试制度史》(吉林出版集团有限责任公司 2011 年版)、周天的《中国历代廉政监察制度史》(上海百家出版社 2011 年版)、王凯旋的《中国科举制度史》(万卷出版公司 2012 年版)、黄天华的《中国财政制度史纲》(上海财经大学出版社有限公司 2012 年版)等等。

此类著作对专项制度进行通论性的介绍,没有限定在特定时期,也没有地域限定,对民国时期的相关行政制度的介绍往往比较零散且较为简略。

二　地方行政制度的研究现状

(一)在中国地方行政制度史中的研究

民国时期的著作主要有黄绶的《中国地方行政史》(作者自刊,1927 年版)、程方的《中国县政概论》(商务印书馆 1939 年版)、朱子爽的《中国县制史纲》(北平独立出版社 1941 年版)、马绍中的《中国地方行政制度》(中国文化服务社陕西分社 1942 年版)、黄豪的《中国地方行政》(文通书局 1942 年版）、罗志渊的《中国地方行政制度》（北平独立出版社 1943 年版）、周异斌等编著的《中国地方行政制度讨论集》（中央政治学校毕业生指导部 1944 年版）、施养成的《中国省行政制度》（商务印书馆 1947 年版）、程幸超的《中国地方行政制度史略》（中华书局 1948 年版）。

当代著作主要有严耕望的《中国地方行政制度史（甲部：秦汉地方行政制度)》（台北"中研院"历史语言研究所 1961 年版）和《中国地方行政制度史（乙部：魏晋南北朝地方行政制度)》（台北"中研院"历史语言研究所 1963 年版）①、周振鹤的《中国地方行政制度史》（上海人民出版社 2005 年版）。此类论著中较为系统地阐述了中国自古以来从中央到地方行政制度的起源、发展和演变过程，主要包括地方行政区划和地方行政组织的发展变化，围绕"如何发生变化""在变化中有什么规律性""变化造成什么影响"等进行考察。另外，对于行政区域的层级、幅员、边界及地理分布进行了梳理和总结，并从制度变迁视角分析其中的规律，同时，对文化因素、经济因素和军事政治因素也进行了相关评述。

此外，还有一些通史类专题性研究，其中研究县政的有王圣诵的《县级政府管理模式创新探讨》（人民出版社 2006 年版），文中包含对民国期间相关问题的研究。对地方自治的研究有黄辉的《中国村自治法的制度、实践与理念》（法律出版社 2009 年版），文中包含对民国时期村自治法的研究。

此类著作中对近代地方行政制度的研究在书中所占篇幅较小，没有具体深入的论述。

（二）将时间限定在 1929—1949 年，对地方行政制度的专题性研究

民国时期对县政状况及改革进行研究的有陈冰伯的《今日之县政》（商务印书馆 1933 年版）、汗血月刊社编辑的《新县政研究》（第四版）

---

① 虽然所研究的时期不是民国，但其中包含了对地方行政制度在中国的起源以及研究范围和方法的探索，是国内在此研究领域中的重要著作，对研究民国时期地方行政制度的学者有借鉴意义。

（汗血月刊社 1936 年版）；对地方自治进行研究的有周成的《民国地方自治纲要》（商务印书馆 1929 年版）、行政院县政计书委员会的《总理地方自治遗教》（行政院 1930 年版）、黎文辉的《中国地方自治问题之实际与理论》（商务印书馆 1936 年版）、董修甲的《中国地方自治问题》（商务印书馆 1936 年版）、陈柏心的《地方自治与新县制》（商务印书馆 1942 年版）、胡次威的《民国县制史》（大东书局 1948 年版）；对保甲制度进行研究的有闻钧天的《中国保甲制度》（商务印书馆 1935 年版）、陈高佣的《抗战与保甲制度》（1937 年版）、西北研究社编的《保甲制度研究》（1941 年版）、李宗黄的《现行保甲制度》（1943 年版）等。

当代对民国时期地方自治进行专门研究的有高应笃的《地方自治学》（台湾"中华书局"1982 年版）、白贵一的《20 世纪 30 年代南京国民政府县自治研究》（知识产权出版社 2009 年版）、胡春惠的《民初的地方主义与联省自治》（增订版）（中国社会科学出版社 2011 年版）、王建学的《近代中国地方自治法重述》（法律出版社 2011 年版）；对民国时期保甲制度进行专门研究的有冉绵惠的《民国时期保甲制度研究》（四川大学出版社 2005 年版）；对立法制度进行专门研究的有解振民的《中华民国立法史》（中国政法大学出版社 2000 年版）；对宪政进行研究的有殷啸虎的《近代中国宪政史》（上海人民出版社 1997 年版）。

此类著作限定在民国时期前后，主要集中于对地方专题制度的研究，研究的问题比较深入和具体。

（三）将空间限定在中国特定区域，对从 1929 年至 1949 年的地方行政制度进行研究

对地方行政制度变革进行研究的有王树槐的《中国现代化的区域研究——江苏省：1860—1916》、苏云峰的《中国现代化的区域研究——湖北省：1860—1916》、张朋园的《中国现代化的区域研究——湖南省：1860—1916》、李国祁的《中国现代化的区域研究——闽浙台地区：1860—1916》、张玉法的《中国现代化的区域研究——山东省：1860—1916》、谢国兴的《中国现代化的区域研究——安徽省：1860—1916》（以上著作均为

台北"中研院"近代史研究所1984年版)。在这些著作中，专门对1860年至1916年这一时期江苏、湖北等省区的地方行政制度变革情况进行了阐述。

对民国时期特定区域保甲制度进行研究的有《二十世纪三四十年代河南冀东保甲制度研究》(中国社会科学出版社1970年版)、《复而不兴：战前江苏省保甲制度研究：1927—1937》(山西人民出版社2013年版)、冉绵惠的《民国时期四川保甲制度与基层政治》(社会科学文献出版社2010年版)。

对民国时期特定区域地方自治进行研究的有周松青的《整合主义的挑战：上海地方自治研究 (1927—1949)》(上海交通大学出版社2011年版)、宁波市档案馆的《民初宁波地方自治史料集》(浙江大学出版社2012年版)、曾绍东的《 (1939—1949) 南京国民政府地方自治研究——以后苏区时代的赣南为中心》(中国社会科学出版社2012年版)。

此类研究结合具体地域特征进行研究，在时空范围的限定下，研究更为具体深入。同时也可以看出，所研究的地域中有上海、江苏、湖北、湖南、浙江等地，其对于西北地区各省的研究是明显不足的。

三　宁夏地方行政制度的研究现状

现有论文、著作大部分以研究民国时期宁夏其他问题为核心，附带研究地方行政制度，缺少对民国时期宁夏地方行政制度进行专门研究的著作。通过对期刊文章的梳理，发现在此领域研究中有一些值得称道的论文，在研究内容上起到补充的作用，遂与著作类文献一并归纳如下：

(一) 在对特定时期西北社会的研究中包含对宁夏的相关研究

著作类：高屹的《蒋介石与西北四马》(警官教育出版社1993年版)、霍维洮教授的《近代西北回族社会组织化进程研究》(宁夏人民出版社2000年版)、许宪隆的《诸马军阀集团与西北穆斯林社会》(宁夏人民出版社2001年版)、师纶的《西北马家军阀史》(甘肃人民出版社2007年版)、霍维洮教授的《近代西北少数民族社会变迁》(宁夏人民出版社

2009 年版)、杨建新主编的《中国西北少数民族通史·民国卷》(民族出版社 2009 年版)、王永亮的《西北回族社会发展机制》(宁夏人民出版社 2012 年版)、吴恒长的《国共两党与西北军》(解放军出版社 2012 年版)。

期刊类:宋哲元的《西北军志略》(《近代史资料》1963 年第 4 期)、张永庆等的《西北穆斯林社会经济的变动与伊斯兰教的兴衰》(《青海社会科学》1989 年第 5 期)、杜达山的《"西北四马"军阀割据的社会原因探析》(《西南民院学报》1993 年第 5 期)、王淑芳的《"雷马事变"与三十年代甘肃政局》(《西北民族学院学报》1993 年第 2 期)、杜达山的《西北四马军阀割据形成的社会原因探析》(《中南民族学院学报》1993 年第 5 期)、霍维洮教授的《西北回族自治斗争的起源》(《宁夏社会科学》1994 年第 6 期)、宁夏回族自治区政协文史资料委员会编纂的《西北回族与伊斯兰教》(宁夏人民出版社 1994 年版)、霍维洮教授的《近代西北回族反清运动中的政权问题》(《宁夏大学学报》1998 年第 1 期)、霍维洮的《西北回族军阀论略(上)》(《宁夏大学学报》2000 年第 2 期)、许宪隆的《诸马军阀的角色转换》(纪念辛亥革命九十周年国际学术讨论会论文集,2001 年发表)、丁明俊的《论民国初期西北回汉军事集团之间的矛盾与冲突》(《回族研究》2000 年第 2 期)、霍维洮教授的《西北回族军阀论略(下)》(《宁夏大学学报》2001 年第 5 期)及《近代西北回族社会二重组织及其演变》(《西北民族研究》2005 年第 3 期)。

此类研究以西北为地域范围进行研究,虽然涉及对宁夏地区的相关研究,但毕竟缺少对宁夏地区相对独立的考察。在西北地方的研究中大多侧重于军阀集团和回族社会,而对于地方行政制度的研究较少涉及。

(二)从 1929 年至 1949 年宁夏历史发展的综合状况

此研究以著作类文献为主:叶祖灏所著《宁夏的今昔》(台湾"商务印书馆"1969 年版),胡平生所著《民国时期的宁夏省》(台湾学生书局出版社 1988 年版),鲁人勇等著《宁夏历史地理考》(宁夏人民出版社 1993 年版),吴忠礼所著《宁夏近代历史纪年》(河南人民出版社 1993 年版),宁夏政协文史资料委员会编纂的《宁夏文史资料》(宁夏人民出版社

1997 年版），霍维洮教授主编的《宁夏民族与社会发展研究》（宁夏人民教育出版社 2003 年版），胡学祥所著《宁夏五千年史话》（宁夏人民出版社 2006 年版），杨少青和胡迅雷的《民国宁夏风云实录（全十卷）》（宁夏人民出版社 2007 年版），陈育宁教授的《宁夏通史·近现代卷》（宁夏人民出版社 2008 年版），吴忠礼、鲁人勇、吴晓红所著《宁夏历史地理变迁》（宁夏人民出版社 2008 年版）。

在此类著作中没有对民国时期宁夏省的地方行政制度进行正面直接的论述，而是从多个方面呈现出彼时行政制度赖以存在的宁夏社会历史发展的大背景和总脉络。

（三）近代宁夏省政治制度变迁及行政设置

著作类：杨劲支的《建设甘宁青三省刍议》（京华印书馆 1931 年版）、傅作霖的《宁夏省考察记》（南京正中书局 1935 年版）、民国宁夏省政府秘书处编的《宁夏省政府行政报告》（1936 年 2—12 月影印本）、民国宁夏省政府秘书处编《十年来宁夏省政述要（1933 年—1942 年）》（第一册至第八册 1942 年影印本）、刘廷栋和雷震华编的《宁夏历代行政设置沿革简编》（政协宁夏回族自治区委员会文史资料委员会 1982 年版）、中国人民政治协商会议磴口县委员会文史资料委员会编的《磴口县文史资料》（政协磴口县委员会 1985 年版）、冯茂著的《宁夏现代政区变迁沿革》（宁夏人民出版社 1998 年版）、何子江和万青山的《平罗春秋：平罗文史资料精粹》（宁夏人民出版社 2005 年版）等。此外，还有方志类：马福祥、马鸿宾、吴复安和王之臣纂修的《朔方道志》（1927 年），朱恩昭编的《豫旺县志》（1925 年版），国民政府资源委员会编的《宁夏省人文地理图志》（1936 年版），梅白逵编的《宁夏资源志》（1946 年版），陈步瀛编的《盐池县志》（1947 年版）。

期刊类：刘继云的《宁夏三马政权始末》（《宁夏社会科学》1987 年第 1 期）、吴忠礼的《宁夏建省溯源》（《宁夏大学学报》1984 年第 2 期）、刘学懋的《朔方道建置初探》（《宁夏社会科学》1991 年第 2 期）、郑宝恒的《民国时期宁夏省行政区划变迁述略》（《宁夏党校学报》1999 年第 6

期）、杨钧期的《从县长群体籍贯看民国时期宁夏地方政治的变迁》（《宁夏师范学院学报》2010 年第 1 期）。

在这些文献中涉及近代宁夏建省、省政府行政活动、行政区划等基本状况的内容，但对于中央政府与宁夏省政府的层级关系及其变化的说明不足，使行政工作制度的研究比较零散，没有形成较为完整的体系。

（四）近代宁夏省回族军阀及伊斯兰教的相关研究

著作类：丁国勇的《宁夏回族》（宁夏人民出版社 1993 年版）、周瑞海主编的《宁夏回族自治史略：1936—1988》（宁夏人民出版社 1993 年版）、宁夏回族自治区政协文史资料研究委员会所主编的《宁夏三马》（中国文史出版社 1988 年版）。

期刊类：余振贵的《宁夏穆斯林的变迁和宗教生活》（《西北伊斯兰教研究》1985 年）、周立人的《"三马"军阀集团的形成及其统治特点》（《温州师专学报》1986 年第 2 期）、张天政的《马鸿逵时期的宁夏教育》（《宁夏大学学报》1991 年第 2 期）、胡迅雷的《民国时期宁夏回族宗教教育与研究》（《民族教育研究》1993 年第 4 期）、丁明俊的《马福祥民族思想探析》（《回族研究》1996 年第 3 期）、霍维洮教授的《近代宁夏回族区域民族特点的形成》（《回族研究》2002 年第 1 期）、王伏平的《宁夏伊斯兰教的历史与现状》（《回族研究》2004 年第 4 期）、周靖程的《马鸿逵民族思想探析》（（哲学社会科学版）《赤峰学院学报》2010 年第 1 期）、刘有安的《民国时期的人口迁移与宁夏民族居住格局的形成》（《宁夏社会科学》2011 年第 2 期）。

（五）近代宁夏省社会经济、教育、科技、金融状况

此研究以期刊类文献为主：张天政的《马鸿逵时期的宁夏教育》（《宁夏大学学报》1991 年第 2 期）、胡迅雷的《民国时期宁夏金融币政史略》（《宁夏大学学报》1994 年第 4 期）、张天政的《马鸿逵与宁夏近代工业的兴衰》（《民国档案》1999 年第 4 期）、钟银梅的《马家军阀专制时期的甘宁青皮毛贸易》（《宁夏师范学院学报》2007 年第 4 期）、马大正和李大龙的《在夹缝中生存——民国时期的宁夏开发》（《中国民族报》2008 年 5

月)、王玉琴的《民国时期宁夏科技发展述略》(《西夏研究》2011 年第 1
期)、吴孟显的《宁夏建省前后的城乡市场结构》(《宁夏社会科学》2011
年第 4 期)、霍丽娜的《民国时期宁夏的农业发展和措施》(《宁夏社会科
学》2012 年第 6 期)。

　　此类文献的研究注重于对相关领域的专门分析,但毕竟受篇幅所限,
其研究仍然无法深入,不能形成体系。

第三节　研究主旨

一　问题的提出

　　通过对文献进行分析,可以看出至少存在以下几点问题。第一,对于
历代行政制度的研究,无论是通史类,还是专项制度类,大多采用纵向沿
革的方式进行叙述。第二,对于特定区域的地方行政制度史的专门研究相
比中央行政制度史的研究而言,无论在研究数量上,还是在研究深度上都
有不足。第三,中国对于近代宁夏区域史的研究已经形成一定规模,为地
方史的研究奠定了深厚基础,但对于民国时期宁夏地方行政制度的研究几
乎无人问津。第四,在所梳理的文献资料中,绝大多数是通过对史料的发
掘和史实的考订形成其主要内容,所用方法往往限于历史学、民族学范
畴,虽然有助于廓清相关历史事实,但对行政学的相关部分无法进行较为
深入的学术研究。

　　由此,引发进一步分析,即"在研究近代特定时期地方行政制度时应
注意什么问题?""它与西式'政体'概念的引入是否存在联系?""宁夏省
在这一时期的历史变迁过程中,地方行政制度作为一种形式,或作为一种
工具,是否有实质上的阶段性价值?"此外,还有研究方法的问题,即
"在研究民国时期宁夏地方行政制度的过程中如何将行政学理论方法与历
史学研究方法结合起来,以取得相得益彰的效果?"在对问题分析阐述的
过程中,基本可以看出以下几点:第一,在研究民国时期地方行政制度时
要考虑到文化与制度的关系,同时也要注意对西方相关理论的引入需要在

中国的具体情况中进行分析。第二，民国以来对中国古代"政体"的历史学分析存在诸多分歧，但也有对于中央集权制的一致认识。同时，在中央集权制下的地方行政制度的研究自古就有相关的政治思想，其中既包括对制度、体制的研究，也融入了对行政思想的研究，可以结合其中理念对民国时期的相关行政制度进行分析。第三，民国时期宁夏地方行政制度的研究涉及军阀、官僚、民族与宗教等问题，并在制度变迁过程中表现出一定的阶段性价值，需要结合史实研究行政制度与诸多因素间的关系。第四，借助历史制度主义，将历史学与行政学结合起来进行研究，避免制度研究中静止的和形式化的倾向。

"历史制度主义"属于"新制度主义"在政治学领域中的子命题，是从 20 世纪 80 年代开始流行并发展起来的突出历史维度的一个分支。它在强调历史重要性的同时突出政治制度，基本上可以说是代表了新制度主义复兴过程中的主要潮流，成为政治科学研究的主要范式。斯考切波（Theda Skocpol）、凯瑟琳·西伦（Kathleen Thelen）和斯文·斯坦莫（Sven Steinmo）等人从广义上对历史制度主义进行解释，认为"历史制度主义代表了这样一种企图，即阐明政治斗争是如何受到制度背景的调节和塑造的，同时需要指出政治斗争正是在这种制度背景中得以展开的"，并指出"既定的制度结构如何影响政治互动，这比国家或社会制度本身的形式特征更重要。"[1]

传统观点认为，"制度是强势者制定的一系列规则、程序和行为规范，体现了强势者的意志和诉求，而强势者的实施激励则来自利益最大化的行为原则；同时，这种制度主要对弱势者具有约束作用，而强势者则具有随时基于自身利益考虑而违反规则的机会主义"。[2] 现代观点认为制度是一种自我实施的均衡体系，"当治理某种交易的某个制度不再自我实施时，当

---

[1] Kathleen Thelen, Sven Steinmo and Frank Longstreth, eds., *Structuring Politics：Historical Institutionalism in Comparative Analysis*, Cambridge：Cambridge University Press，1992：6.

[2] 朱富强：《制度研究范式的现实分析思维——制度变迁和路径依赖问题》，出自《制度经济学》2012 年第 1 期。

这一制度被认为失去了自我实施的特征时，或当技术、组织变化和其他变化带来新的交易时，社会就面临着新的环境"。① 现代观点更注重历史的分析，即"不能简单地基于个体间的博弈均衡来解释和分析制度的形成和发展，而是要考察整个共时性和历时性的社会互动，尤其要梳理制度演化的历史轨迹"，同时，还需要"关注特定时期的社会心理和公共选择机理，探究制度变迁的现实过程"。② 道格拉斯·诺思和戴维斯认为"制度变迁的一般过程是一个从初始制度均衡到制度不均衡再到制度新均衡的周而复始的过程"。③

历史制度主义借助经济学意义上的新制度主义理论，提出了政治学领域中的制度变迁理论。制度变迁理论包括制度变迁的动因、过程与方式等理论。④ 在历史制度主义研究视野中，"制度成为研究的基点，制度如何形成，如何在社会变迁中产生，又如何约束人的行为，构建人的偏好和动机，恰恰构成了制度作为因变量和自变量双重身份的特殊要素。"历史制度主义的制度研究"更注重可以触摸的组织化的中层制度，试图寻找中层制度和人的行动关系之间的内在联系。"⑤ 由此，进一步形成制度变迁的动力学分析框架："（1）社会经济和政治环境变迁导致潜在的制度变得更加显著和重要；（2）社会经济环境变化和权力的政治平衡将会创造一种情境，让旧制度设置新的服务目标，而新的行动者通过现存制度来追求他们的目标；（3）外部变迁促生现存制度内所追求的目标和策略的转换；（4）政治行动者调整策略适应制度变迁也能推动制度发展。"⑥

① Greif, A., 1998, Genoa and the Maghribi Traders: Historieal and Comparative Institution analysis, New York: Cambridge University Press.

② 朱富强：《制度研究范式的现实分析思维——制度变迁和路径依赖问题》，出自《制度经济学》2012 年第 1 期。

③ ［美］戴维斯、诺思：《制度变迁的理论：概念与原因》，《财产权利与制度变迁：产权学派和新制度学派译文集》，上海三联书店、上海人民出版社 1994 年版。

④ 袁庆明：《新制度经济学》，中国发展出版社 2005 年版。

⑤ 刘圣中：《历史制度主义——制度变迁的比较历史研究》，上海人民出版社 2010 年版，第 95 页。

⑥ Kathleen Thelen, Sven Steinmo and Frank Longstreth, eds., *Structuring Politics: Historical Institutionalism in Comparative Analysis*, Cambridge: Cambridge University Press, 1992, pp. 16—17.

此外，历史制度主义还包含路径依赖理论。此理论思想起源于达尔文主义："一切事件或现象都有其原因，一切组织和复杂系统演化都必然牵涉到变异、承袭和选择机制"。大卫·保罗首次将其应用在技术变迁理论中，引发了对路径依赖的多领域研究。新制度主义中的路径依赖理论是由道格拉斯·诺思提出的："人们过去做出的选择决定了他们现在可能的选择"。自我强化的机制促使制度变迁一旦走上了某一条路径，它的既定方向就会在以后的发展中得到自我强化。诺思在论述中提醒人们："路径依赖性意味着历史是重要的，如果不回顾制度的渐进演化，我们就不可能理解当今的选择。"① 历史制度主义所强调的路径依赖不仅是日常存在的历史延续性，更指历史要素对制度变迁的重大作用。皮尔逊指出："政治制度在旧的制度、社会力量和关系要素的增长回报的倾向下不断自我维持、强化，使得制度保持稳定和延续的特征，增长回报的机理促生了（政治）制度的依赖性"。政治生活主要依赖 4 个特征达到平衡，"即时间序列的重要性、政治制度的惯性和继承性、政治过程的偶然性。"② 莫霍尼则从实用论、功能论、权力论和合法性等角度深入透析了路径依赖理论的解释框架③。

历史制度主义在对制度变迁的研究中还包含渐进转型理论（gradual transformation）和断裂均衡理论（punctuated equilibrium）。前者将制度变迁划分了五种类型，包括"替换""层叠""转移""转变""衰竭"。其中主要关注了正常时期的制度变迁如何遵循路径依赖规律演变，同时注重制度与环境及其制度内部的平衡关系；后者则关注被重大变化打断之前长时期所处的相对停滞和稳定的状态。制度变迁理论侧重将制度作为因变量

---

① 闫步克：《以"制度史"观认识中国历史》（见王绍光主编的《思想政治秩序：中西古今的探求》中有关"中国古代政治体制：理论与实践"主题论文），上海三联书店 2012 年版，第 153 页。

② Paul Pierson, "Increasing Returns, Path Dependence, and the Study of Politics," *American Political Science Review*, Vol. 94, No. 2, June 2000, p. 265.

③ James Mahoney, "Path Dependence in Historical Sociology," Theory and Society, Vol. 29, No. 4 (Aug., 2000), pp. 507—548.

进行研究，而"制度能力理论"和"制度作用理论"将制度作为自变量进行研究。前者专注于能力的研究，而后者则涵盖了几乎所有的相关问题，两者共同关注制度所产生的特定的社会、历史、政治、经济和文化作用，从而揭示出制度从静态条文到具体鲜活的政治存在物的本质。

国家是最大的制度实体，历史制度主义往往关注多个国家制度的历史性比较研究①，拓展了政治制度分析的结构性关联和时间性关联。同时，历史制度主义者也对分立的地方过程间关联或者分立的冲突间关联感兴趣。② 地方行政制度由地方政府在一定环境和条件下制定，历史制度主义的世界视野和国家视野为认知地方的时间和结构要素提供了基础，促进对地方行政制度变迁的轨迹、模式和方向的认识，有助于将行政制度分别作为自变量和因变量，研究其与社会诸因素之间的相互关系和相互作用。

正如学者所说的："历史制度主义另一个力量是它在中层范围开挖出了一个重要的理论小生境，能够帮助我们把对政治历史普遍模式的理解和一种政治和经济发展的偶然性特征的解释，特别是在形成这一发展中的政治行动者，冲突和选择的角色整合起来。"③

结合历史制度主义的方法论，对于近代特定时期宁夏省地方行政制度的研究引申出来一些更值得思考的问题，即基于史实的特定时期宁夏地方行政制度的历史面貌如何在叙述中展现？此时期宁夏地方行政区划、地方行政权力结构、地方官职选任和管理制度经历了哪些变革？以此为基础，深入研究与地方政治、经济、文化紧密相关的两个行政制度——财政制度和教育制度，分析其在关键节点的演变以及演变过程中偶然性与事件时间的内在联系，同时，在各部分关注制度的内在困境和冲突以及其在不同时

---

① 刘圣中：《历史制度主义——制度变迁的比较历史研究》，上海人民出版社 2010 年版，第147 页。

② Theda Skocpol, "Why I Am an Historical Institutionalist," Polity, Vol. 28, No. 1 (Autumn, 1995), pp. 103—106.

③ Kathleen Thelen, Sven Steinmo and Frank longstreth, eds. , *Structuring Politics：Historical Institutionalism in Comparative Analysis*, Cambridge：Cambridge University Press, 1992, p. 12.

期的问题表现。在历史性分析的基础上，基于历史制度主义，先将制度作为因变量，考察其在变迁过程中的主要动力因素和路径依赖的特征；再将制度作为自变量，分析其在各方面所发挥的效应。

本书结合相关学科的研究方法，围绕以上问题对民国时期宁夏省地方行政制度进行研究。考虑到时间和空间上的特殊性，同时考虑到对地方行政制度研究内容的取舍，有必要做一些学术性的范围界定，并在此基础上阐明研究意义。

二　研究对象

（一）时间限定

在时间上是从 1929 年到 1949 年，这一时期具有一定的特点。从全国范围看，这一时期中华民国政府统治了中国，建构了从中央到地方的行政管理体系；从宁夏区域看，是宁夏单独建省直到新中国成立前的主要时期。地方行政制度本身具有时间上的连续性，所以在时间范围上根据不同内容又有一定程度的扩展。例如，为了追溯宁夏省行政区划的历史渊源，前伸到夏商时期。但不论如何，在整体内容的安排上仍然有明显的时间界限。对于界限以外的部分只做一般性论述和说明，用以维持历史连贯性。在从第二章到第五章的分析中，按照制度变迁的关键节点将此时段划分为四个时期：建省初期 1929—1933 年、抗战前 1933—1937 年、抗战期间 1937—1945 年、抗战后 1945—1949 年。为表述方便，在各章题目中不再赘述年度的起止界限，均以此为据。同时，考虑到时间的连续性，文中在对不同问题的研究情况进行过渡性表述或总体性表述时，存在部分时段的重叠。

（二）地域限定

本书以宁夏作为研究对象，努力把握宁夏地区地方行政制度发展的脉络和特点。民国时期宁夏的行政区划与清朝时期已经有很大区别，并且在民国期间又经历了局部变迁，后期也有一定变动。这种行政区划上的变动，既有国内政治、经济、战争、文化等因素，同时也与宁夏地域特征有关。

由于行政区划与时间上的紧密相关性，所以本书研究的地域范围间接由时间范围所确定，即在民国时期宁夏从单独建省后的1929年到1949年的行政区划的范围。宁夏刚刚独立建省时下辖9县2旗：宁夏县、宁朔县、平罗县、中卫县、灵武县、金积县、盐池县、预旺县、磴口县和阿拉善、额济纳二蒙旗。1944年1月增设银川市，即宁夏省城。1945年宁夏省改为银南、银北2个行政督察区，"银南行政督察区"辖中卫县、中宁县、同心县、盐池县、灵武县、金积县、宁朔县、永宁县及香山设治局计8县1局，专署驻中宁县；"银北行政督察区"辖贺兰县、平罗县、惠农县、磴口县和陶乐县计5县，专署驻惠农县。不久后各行政督察区撤销，改由宁夏省政府直辖，共计13个县。1947年宁夏省会置为银川市，并于同年4月成立市政府。1949年10月宁夏解放，宁夏省人民政府成立。西北军政委员会1949年批准宁夏省的额济纳旗划归甘肃省酒泉专区代管。盐池县的韦州、下马关、红城水归同心县。之后宁夏省的建制一直持续到1954年。[①]

内蒙古西套二旗，阿拉善额鲁特旗，简称阿拉善旗；额济纳旧土尔扈特旗，简称额济纳旗。民国初年此二旗仍沿清代旧制，不设盟，各为独立旗，直属北洋军阀的北京政府蒙藏院。1914年归甘肃省节制，废将军，改置宁夏护军使，又称甘边宁夏护军使。使署驻宁夏县，1921年改名宁夏镇守使。[②]1929年，宁夏独立建省后，宁夏省政府虽然名义上兼管阿拉善、额济纳二蒙旗，但是蒙古族的事务仍然由专门的国民政府民族机构管辖，并未实际纳入宁夏省的行政系统。[③]1934—1936年两旗曾隶属百灵庙蒙政会。抗战初期马鸿逵曾出兵占领了阿拉善旗，想要实现相应区域的行政管理，扩大自己的行政权力范围，但因遭到种种抵制而未能实现。后来

---

① 1954年6月19日中央人民政府委员会第32次会议决定：宁夏省建制撤销。至同年9月1日，正式将其行政区域并入甘肃省。1958年10月25日，从甘肃省划出部分区域，正式成立宁夏回族自治区。自治区辖2市、1专区、17县：银川市、吴忠市、中卫县、中宁县、同心县、灵武县、盐池县、金积县、固原县、西吉县、海原县、隆德县、泾源县，总面积约6.64万平方千米。至2013年底，全区辖5个地级市，9个市辖区，2个县级市，11个县。

② 郑宝恒：《民国时期宁夏省行政区划变迁述略》，出自《宁夏党校学报》1999年第6期。

③ 傅作霖：《宁夏省考察记》，正中书局1935年版。

宁夏省政府只好在定远营设立临时机构，即驻定远营办事处，只处理一般性行政事务①。1949 年随着西北地区解放战争的胜利，阿拉善旗和额济纳旗分别于 9 月 23 日和 27 日通电宣告和平解放。由于此二旗并未真正被纳入民国时期宁夏行政系统，所以在本书有关宁夏行政制度的具体研究中一般并不包含此二旗。

（三）地方行政制度在内容上的限定

目前在学术界对于地方行政制度的研究范围没有统一的认识，本书借鉴前人研究的成果，结合本书研究的特点，在前文进行了相关概念界定。由所界定的概念可以确定研究的主要内容，包括地方行政区划、地方行政职能、地方行政条块关系、地方行政权力分配等方面。除此之外，还包括从具体制度入手对行政制度运行机制和规律的研究。

因此，本书将从以下几个方面对民国时期宁夏地方行政制度的相关问题进行分析和阐述。第一，民国时期宁夏省地方行政区划，分别对民国以前宁夏地方行政区划和变革、民国时期宁夏建省之前地方行政区划和变革，以及民国时期宁夏建省后的行政区划和变革进行介绍。第二，分析民国时期宁夏省地方行政权力的划分情况，分四个层次进行。包括中央与地方行政权力的划分、省级行政组织内部行政权力的划分、县级行政权力的划分，以及县级以下行政权力的划分。第三，分析民国时期宁夏职官选任与管理制度，包括中央人事行政制度的介绍，省级、县级和县级以下政区职官选任与管理。第四，分析民国时期宁夏省地方财务行政制度，包括地方财务行政机构改革、地方财政收入与支出制度、地方财政赋税制度。第五，分析民国时期宁夏省地方教育行政制度，包括教育机构的沿革、相关教育制度的设立，以及各类教育在宁夏的发展。

三　研究意义

研究民国时期宁夏地方行政制度不仅对地方经济、文化、历史有一定

---

① 达理扎雅：《马鸿逵对阿拉善旗的残酷压榨》，摘自《宁夏三马》，文史资料出版社 1988 年版，第 211—212 页。

意义，同时对国家总体行政制度创新以及民族团结也有积极意义。

（一）理论意义

从理论发展的角度来看具有以下几点意义。

第一，促进地方行政制度史研究的深入。民国时期宁夏地方的研究往往作为近代西北社会研究的重要组成部分，其在近代史以及民族史研究中都有重要的地位。在此领域中，鲜见民国时期宁夏地方行政制度的研究，作为探索性的研究，它对相关专业知识的本土化和国际化，对多学科研究中知识结构的完善具有一定学术意义。

第二，有利于了解在制度设计和制度执行过程中地方行政制度的内在困境和问题，促进过程与目标的结合，有助于保证行政形式与内容的一致、行政手段与结果的衔接，从而更注重从行政效果上评价行政过程和行政行为。

第三，有助于探索将行政学与历史学相结合的研究方法。在由诸多行动者所构成的复杂制度场域中，探索制度作为实现社会价值的工具，如何进行规范性设计的方法。在研究中需要注重从简单范式的决定性原则、普遍性原则、线性因果原则、构成性原则向复杂范式的非决定性原则、统一与多样性结合的原则、非线性因果原则、生成性原则转变的路径和方法。

第四，有助于理解中国文化制度的同构表现。在地方行政制度的调整过程中文化内核是不可忽略的，各省在地方行政文化方面的差异往往是制定地方行政制度时要考虑的重要因素，而行政文化使得行政制度的传承性更为明显。通过探索地方文化与地方行政制度的关系，可以加强对民族和宗教政策的理解，为相关政策构建提供理论基础。

（二）实践意义

从实践的角度来看具有以下几点意义。

第一，促进中央与民族地区之间的相互沟通和协调。通过了解民国时期中央与地方行政权力的划分，了解相互之间的行政关系，认识地区行政制度变迁的规律，结合现实，有助于妥善处理中央与民族地区在行政过程中行政权力与行政责任的关系。

第二，有利于树立行政制度重要性的认识，促进地方行政制度建设。中国传统社会往往将社会治理的希望寄托于官员道德的自我控制和自我超越上，夸大了道德机制的作用，而忽视了制度规则的重要性。行政制度可以最大限度地减少道德风险，可以免除恣意、人情和关系等主观因素的干扰。要想实现有效的行政管理，一套公平、高效、责任明晰的制度体系是必不可少的。

第三，有利于促进宁夏地方行政制度创新。古人云"以铜为镜，可以正衣冠；以史为镜，可以知兴替；以人为镜，可以明得失。"在研究地方行政制度历史发展规律的基础上，可以对现代地方行政制度所面临的问题症结及出路进行历史的分析和探讨，探索地方行政制度创新的理念和办法，促进地方制度文明发展。

第一章

宁夏省地方行政区划(1929—1949年)

第一节　历史沿革

　　夏商时期宁夏境内多为戎狄部落聚居地，没有行政建置的记载①。记载中尧时的"荤粥"、夏时的"淳维"、商代的"鬼方"、西周的"猃狁"（匈奴别称②）都曾与宁夏境内的先民有着密切联系。春秋战国时期，曾出现朐衍戎（今盐池县一带），义渠戎（今银南地区东南部及固原地区东部）和乌氏戎（今固原地区南部）。战国秦时，开始有郡、县建置的记载。秦惠文王所置朐衍县，就是治所在宁夏境内的首批建置之一③。公元前3世纪，秦始皇讨伐匈奴，占地千里并移民于此，在此设北地郡、九原郡。派兵屯垦，兴修水利。汉朝时，汉武帝元朔二年至元狩二年，卫青、霍去病

---

　　①　参见鲁人勇、吴忠礼、徐庄《宁夏历史地理考》卷一"先秦"，宁夏人民出版社1993年版，第1页。
　　②　陈连开：《中国民族史纲要》，中国财政经济出版社1999年版，第239页。《晋书·匈奴传》卷九十七：匈奴之类，总谓之北狄……夏曰薰鬻，殷曰鬼方，周曰猃狁，汉曰匈奴。《史记·匈奴传》卷一一零："匈奴，其先祖夏后氏之苗裔也，曰淳维。唐虞以上有山戎、猃狁、荤粥，居于北蛮，随畜牧而转移。"
　　③　鲁人勇、吴忠礼、徐庄：《宁夏历史地理考》卷一，宁夏人民出版社1993年版，第7页。

多次驱逐匈奴,收复了黄河以南大部分地区。至汉武帝元鼎三年,宁夏分属于朔方州的北地郡和安定郡[1]。三国时期,宁夏中部部分地区及南部属魏国雍州的安定郡,其余大部分属于鲜卑、匈奴和羌族的游牧之地,直至西晋时期都没有较大变动。东晋十六国期间,前赵、后赵、前秦、后秦和郝连夏曾先后统治过宁夏,其间有雍州、梁州和朔州的建置。公元407年匈奴族酋长郝连勃勃建立大夏国,占据宁夏[2]。公元426—431年北魏灭夏国,公元535年,西魏占据宁夏全境。隋朝时期隋炀帝大业三年(607年),行政建置改为郡、县两级,其中平凉郡、灵武郡、盐川郡等地都与宁夏相关。

唐朝贞观元年(627年),行政建置改为道、州(府)和县三级。宁夏的大部分地区属于关内道灵州、原州、会州、盐州和陇州。唐末党项族首领拓跋思恭多次立下战功,于公元883年晋爵为夏国公,并赐给唐廷皇族李姓,死后其弟拓跋思谏接任。五代十国期间(907—960年),由于政权不稳定,行政建置不统一。宁夏大部分仍被吐蕃、党项等少数民族建立,其间出现过原州、灵州、盐州、威州、雄州、警州、环州等州[3],而拓跋氏仍割据夏州。

北宋至道三年,行政建置改为路、州(府)和县三级,全国分15路,宁夏分属秦凤路。北宋咸平五年,在夏州兴起的党项族首领李继迁攻占萧关以北,后夺取"东尽黄河,西界玉门,南接萧关,北控大漠"的广大地区。公元1038年,李继迁之孙李元昊建立夏国,定都兴庆府,史称西夏。公元1227年被成吉思汗大军所灭,西夏正式立国190年,而实际统治宁夏一带的时间从拓跋思恭算起长达347年[4]。

公元1279年,忽必烈统一全国,建立元朝,在中央设置中书省、枢密院、御史台三大系统。在地方上设置行中书省作为中央派出机构,成为

---

① 参见谭其骧《中国历史地图集》。

② 参见《晋书·载记·赫连勃勃》卷一百三十。

③ 参见《五代会要》卷二十:"晋天福四年五月敕,灵州方渠镇宜升为威州,隶灵武……周广顺二年三月,改为环州……"

④ 胡玉冰校注:《西夏志略校证》卷六,第137页。

地方最高行政机构。中书省和行中书省以下的行政区划,依次为路、府、州、县。1288年,甘肃行省下设的中兴路更名为宁夏府路,取"西夏之地得以安宁"之意,这是"宁夏"地名正式使用之始①。

　　明代改中书省和行中书省制为直隶和布政使司,"初设辽东、宣府、大同、延绥四镇,继设宁夏、甘肃、蓟州三镇,而太原总兵治偏头,三边制府驻固原,亦称二镇,是为九边"②。1474年,明廷设三边总制府于固原,统领延绥、宁夏、甘肃、固原诸镇兵马。1502年,升固原为固原州,隶属平凉府。宁夏镇上隶陕西都指挥使司管辖,下统辖卫、所、堡等,不设府、州、县。后又增宁夏左、右、中三屯卫和宁夏前、中、后三卫,计称七卫,下辖灵州、兴武、平虏、韦州四千户所。此时卫所的设置,直接由军事建制实现军政合一,取代了地方州、县行政建置。

　　清代前后共设有二十三行省,省下设府、直隶州(厅)、州、厅、县。清初宁夏承前代设置,南北均隶陕西布政司,而于宁夏设巡抚,下制卫、所等军事建制。1664年,分陕西布政司为陕西左、右布政司,宁夏属于右布政司。1667年,改陕西右布政司为甘肃布政司,分设陕甘两省。1724年,甘肃省裁撤宁夏卫,改置宁夏府,从此结束了宁夏自明代以来延续了350年的特殊的军事卫所建制,改建成为地方府、州、县行政建置③。将原宁夏左、中、右屯卫分别改置为宁夏县、中卫县和宁朔县,原平虏千户所改为平罗县,裁灵州千户所置灵州,裁宁夏千户所并入灵州,以上四县及灵州直隶州都由宁夏府管辖。此后宁夏府虽增设过新渠、宝丰两县,后又并入平罗县④。宁夏府下辖4县1州的格局一直持续到清代后期。之后在宁夏府又增设宁灵厅和灵州。

---

　　① 陈育宁:《宁夏通史(古代卷)》,宁夏人民出版社1993年版,第214页。
　　② 摘自《明史·兵三》卷九十一。
　　③ 《乾隆宁夏府志·地理》卷二:"宁夏府,东至延安府属定边县盐场堡界三百六十里,……西北至贺兰山外边界七十里外系郡王罗布藏游牧地","雍正三年,改为府县。领州一、县六。乾隆四年,裁新渠、宝丰二县并入平罗,凡领州一、县四。"
　　④ (嘉庆)《大清一统志》卷二百六十四:"……改灵州千户所为州,置平罗、中卫二县;五年,置新渠县;七年,置宝丰县;乾隆三年,裁新渠、宝丰二县,并入平罗县……"

清末改制时全国分 22 省，省下分设巡道和守道，是省的派出机构，分管统县政区之诸府、直隶州。作为派出机构的道，虽然在《清史稿·职官志》和《地理志》等资料中被视为非正式行政区，但实际上是高层政区与统县政区之间的一级准行政区，并有一定的辖区和驻所。行政设置中前后两任陕甘总督升允和长庚是满族宗室官员，同时，甘肃省的巡道有兰山道、平庆泾固化道、巩秦阶道、宁夏道、西宁道、安肃道；守道有甘凉道。道设道员，属正四品。宁夏分巡道下辖"宁夏一府"①。可见，此时既有宁夏道，又有宁夏府，而宁夏分巡道是甘肃省的一级准行政区，而宁夏府是宁夏分巡道下辖的唯一府。

纵观宁夏行政区划的变迁，其所辖区域经济受地理条件、自然灾害等因素影响，发展缓慢，仍然处于自给自足的小农经营阶段。② 从地理条件看，宁夏省地处黄土高原与内蒙古高原的过渡地带，南部以流水侵蚀的黄土地貌为主，中部和北部以干旱剥蚀、风蚀地貌为主。境内有山地和丘陵，也有经黄河冲积而成的冲积平原。在平原区黄河由中卫县北流，沿贺兰山、乌拉山、大青山至陕北，所经区域大都平坦。③ 平原上土层深厚，地势平坦，加上坡降相宜，引水方便，便于自流灌溉，发展灌溉农业。"惜因交通堵塞，人民文化水准低落，耕种方法，全系墨守成规不知改进，致使肥沃膏腴之土未尽辟，宝藏弃于地而未用"④，农耕地的利用率不高，对于新型技术和工具的使用少。在高原区地高苦寒，雨量稀少，民众多以畜牧为主。从气候条件看，温差大，蒸发快，降雨少，且"冬寒长，春暖快，夏热短，秋凉早"⑤。宁夏的降雨能够被农业利用的较少，一般依赖渠水灌溉，水利事业具有重要地位。

---

① 《辞海》有辑录："宁夏，道名。清置，辖宁夏一府"。
② 叶祖灏：《宁夏的今昔》，台湾"商务印书馆"1969年版。
③ 胡平生：《民国时期的宁夏省（1929—1949）》，台北学生书局出版社1988年版，第32—33页。
④ 民国宁夏省农林处编：《宁夏省农政七年》，1946年版，第61页。
⑤ 胡平生：《民国时期的宁夏省（1929—1949）》，台北学生书局出版社1988年版，第41—42页。

第二节 甘宁青分省

1911年10月10日武昌起义爆发,中原十二省纷纷宣布独立。12月,十七省的代表齐聚上海,孙中山被推举为临时大总统,成立南京临时政府。从孙中山就任南京临时政府大总统并宣告中华民国建立之后直至1949年中华人民共和国成立,中国总体上都是以中华民国的名义行使行政权力。其间经历了南京临时政府时期、北洋军阀政府统治时期和国民政府统治时期,其行政管理体制也经历了总统行政首脑负责制、北洋政府军阀专制和蒋介石新军阀独裁制三个阶段①。各省都督府代表联合会在原来的《中华民国临时政府组织大纲》(以下称《大纲》)的基础上在南京通过《修正中华民国临时政府组织大纲》(以下称《修正大纲》)。根据两个大纲的规定,中华民国仿照美国政体,采用总统制。临时大总统由临时参议院选举,既是国家元首,又是政府首脑,直接领导中央行政各部。行政各部为管理国家军政事务的执行机关,直接隶属于临时大总统。最初设置外交、内务、财政、军务、交通五部,后改设陆军、海军、外交、司法、内务、财政、教育、实业、交通九部。由于南京临时政府时期甚为短暂,各省的行政制度设计各不相同且极为粗糙,很多制定的制度并未实行。从县级政府来看,虽然名称有所改换,内部设置也有所变动,但基本沿用前清旧制,掌权者也多为旧官吏。县级政权在南京临时政府政治制度中并未进行彻底改造,只是一个短暂的过渡而已。

北洋军阀政府时期地方行政制度混乱,长期处于军阀分裂割据状态。地方行政采取省、道、县三级政权的管理体制,此三级在设立后机构名称及官职称呼都经历多次变动。首先,是省级建置。北洋政府通过划一令要求各省军民分治,设立行政公署,总理全省政务。省公署设1处4司,1处即总务处,4司为内务司(原民政司)、财政司(原度支司)、实业司

---

① 王建学:《中国行政管理史》,辽宁人民出版社1989年版,第261页。

（原劝业道）、教育司（原提学司）。其下设教育厅、实业厅和警务处，调整内政厅职能。1921 年各省相继成立省参事会，作为省行政辅助机关。其次，道一级组织处于中间级别，依时间次序被先后称为观察使署、道尹公署。北洋政府将它正式划分为省与县之间的一级地方行政机构，由该省行政长官呈国务总理转请大总统兼任①，掌理该道政务及由该省行政长官委任事务。其下设四科：内务、财政、教育、实业。最后，是县一级行政建置。清朝灭亡以后，北方各县大都沿袭清朝成规，南方独立各省则自定官制②，总体上县级行政制度较为混乱。1913 年 1 月北洋政府颁行《划一现行各省地方行政官厅组织令》、《划一现行各县地方行政官厅组织令》等，将地方府、厅、州一律改称为县，县级行政机关称为县知事公署，此后地方各级行政机构组织与名称逐步一致，在形式上基本统一了地方行政机构。

此外，北洋政府时期地方军事机构不仅握有军权，而且把持当地政权，有极其特殊的地位和作用。以省为单位的军事机构最初被称为都督府，且各省组织结构不同。1913 年 1 月 8 日颁布《现行都督府组织令》，各省军事机构的名称基本划一。1914 年 10 月 18 日颁布《将军行署编制令》，将首席长官都督改称为将军，之后也曾依次改为督军、督理、督办。在军事机构中还有跨省的，主要有巡阅使署、经略使署，其首领为巡阅使、经略使③。辖区有省区性和地方性两种，其设置、合并、裁撤没有统一标准，取决于地方势力扩张的实际情况，设置最长的达 9 年。

1913 年 2 月 7 日，北京政府令各省政府裁府存道，改称观察使④。所以将原宁夏分巡道下辖的宁夏府裁撤，同时将原厅、州、分州一律改为县制，同时保留宁夏分巡道，并改名为"朔方道"。

有关朔方道的历史建置在现存文献中存在诸多不一致的地方，大致可

---

① 1914 年 12 月 16 日，北洋政府公布《文官任职令》，文官分为行政官、外交官、司法官、技术官、警察官。行政官任用官阶分为特任、简任、荐任、委任四等。

② 万仁元、方秋庆主编：《中华民国史史料长编》，南京大学出版社 1993 年版，第 227 页。

③ 钱实甫：《北洋军阀时期的政治制度》（全二册），中华书局 1984 年版，第 60 页。

④ 陈育宁：《宁夏通史（近现代卷）》，宁夏人民出版社 1993 年版，第 94 页。

以将相关资料总结为三类。

第一类是对于"朔方道"的名称没有提及。诸如《辞海》①等文献中对于宁夏此间的行政组织从未提及"朔方道"之名。从学术角度而言，似乎《辞海》一类文献是非学术性的出版物，学术上的研究意义要小一些。在其他一些相关资料，诸如《辛亥以后十七年职官年表》中，也只见到当时对"宁夏道"的记载，而丝毫未见朔方道的记载。例如，"1913 年 1 月 20 日陈必淮任宁夏观察使"，又如，"1914 年 3 月 1 日陈必淮仍然任宁夏观察使，同年 6 月 16 日陈必淮改任宁夏道尹"，在之后各年度的记载中直至 1927 年一直以宁夏道尹称，此书提到由宁夏观察使改称宁夏道尹，但并未提到朔方道的名称②。此类记载一般不是出自地方行政机构，相关文献有一定权威性。

第二类记载是提及"朔方道"，而且指出建置时间很短，不到一年，从朔方道再次更名为宁夏道的时间较为模糊。诸如《宁夏近代历史纪年》③《民国时期宁夏省行政区划变迁述略》④《民国史事纪要宁夏部分（1912 年—1927 年)》⑤等文献中都有记录。但此类文献由于出版时间较晚，文献所记起止时间相异，不能互为证明。例如，在《宁夏近代历史纪年》中记载1913 年 4 月 "因宁夏建制名称改为朔方道，北京政府重新任命陈必淮为甘肃省朔方道观察使"⑥，而在同年的 12 月 17 日记载 "北京政府将朔方道改回宁夏道原名，改任罗经权署宁夏道观察使"⑦。在《民国时期宁夏省行政区划变迁述略》记录："民国时期宁夏省，在清代一部分隶于甘肃宁夏道；另一部分由理藩院管辖的内蒙古西套二旗（阿拉善额鲁特旗和额济纳

---

① 《辞海》中记"宁夏……道名。清置。辖宁夏一府。民国废府留道，1929 年废。"其间没有提到朔方道一事。

② 刘寿林：《辛亥以后十七年职官年表》，中华书局 1966 年版，第 384—393 页，本书所记起止时间为 1913 年 6 月至 1918 年 6 月。

③ 吴忠礼：《宁夏近代历史纪年》，宁夏人民出版社 1987 年版，第 151—153 页。

④ 郑宝恒：《民国时期宁夏省行政区划变迁述略》，载文于《宁夏党校学报》1999 年第 6 期。

⑤ 甘源军：辑录自台湾省出版的《中华民国史事纪要》，载《宁夏史志研究》1990 年第 1 期。

⑥ 文中此处注明是引自《甘肃省文史资料选辑》第十辑。

⑦ 文中此处注明是引自《辛亥以后十七年职官年表》，中华书局 1966 年版。

旧土尔扈特旗），设将军管理。辛亥革命后，隶于甘肃省部分于 1913 年 4 月置朔方道，6 月复称宁夏道。"在《民国史事纪要宁夏部分（1912 年—1927 年）》中记为"（1914 年）6 月 2 日，袁大总统令公布各省所属道区域表……甘肃省宁夏道依原朔方道区域辖县"。文献中对于朔方道改名为宁夏道的日期记载是不一致的，较为混乱。

第三类记载，不但提及宁夏曾命名为"朔方道"，且起止间隔时间较长：从民国初年直至宁夏建省前后。此类文献基本以《朔方道志》[①]《十年来宁夏省政述要》为主，还有《宁夏历代行政设置沿革简编》[②]《宁夏资源志》[③] 等，这些有直接引文的，也有间接分析的[④]。《朔方道志》在序中所记成书时间为"民国十四年"，但在其卷三十一第 18 页《重校朔方道志跋》（此为 1927 年所记）中写道："前年纂定后，朔方不能印，延搁日久"。可知其虽然成书时间是 1925 年，但印书发行时间是 1927 年，而此时仍称"朔方"。也就间接说明，直到 1927 年，宁夏川区的道名仍为"朔方道"而未改回"宁夏道"。同时，书中还可以找到大量文字能够佐证[⑤]。在《十年来宁夏省政述要》中也清楚记载："民国建元，改宁夏府为朔方道"，同时记载"民十八年，改朔方道为宁夏省……"[⑥] 此处也表明"朔方道之名从民初一直沿用到宁夏建省前后"。由于《朔方道志》和《十年来宁夏省政述要》均属于当时的地方文献，对彼时宁夏本地情况较为熟悉，且此二书作者是历史亲历者，可信度高。

宁夏贺兰县学者刘学懋也对朔方道建置问题进行了专门研究并得出结论，他认为"1913—1929 年，宁夏川区的行政建置应以这样表述为宜：

---

① 《朔方道志》第 12 卷，马福祥、马鸿宾、吴复安、王之臣纂修，1927 年，天津华泰印书馆印行。

② 刘廷栋、雷振华编纂：《宁夏历代行政设置沿革简编》，政协宁夏回族自治区委员会文史资料委员会 1982 年版。

③ 参见《宁夏资源志》和《宁夏历代行政设置沿革简编》。

④ 刘学懋：《朔方道建置初探》，《宁夏社会科学》1991 年第 2 期。

⑤ 参见《朔方道志》卷二：第 1、3、18、19、22 页；卷三：第 23 页；卷十二：第 4 页等处。

⑥ 马鸿逵：《十年来宁夏省政述要》，民国宁夏省政府秘书处编，第一册，总类篇，1942 年版，第 2 页。

1913 年（民国 2 年）2 月 7 日，北洋军阀政府令各省裁府存道，宁夏府裁撤，宁夏分巡道改置朔方道（因宁夏道与首县同名，且古代为朔方郡，改名朔方道，俗称宁夏道）；同年 12 月 17 日，北洋军阀政府又下令将朔方道改回宁夏道原名，实际未改，仍为朔方道。1929 年 1 月 1 日，朔方道连同贺兰山西阿拉善、额济纳旗合建宁夏省。"[①]

本书综合以上各种文献，得出以下三点。首先，朔方道的确曾建立过，而且命名原因一致为北洋政府裁府存道，又因宁夏道与首县宁夏同名，故依古代朔方郡之意而命名。其次，朔方道建立的起始时间在文献记载中也一致为民国初年。第三，朔方道后来虽然极有可能由北洋政府下令更名为宁夏道，并多次委任官员为"宁夏道观察使"，但在宁夏本土却仍一直以"朔方道"称，直至宁夏建省。之所以是"极有可能"而并非"确定"，因为文献记载中大多以推论为主，不够明确。另外，当时局势较为混乱，中央对名称的记载有可能出现不一致的情况。而且"宁夏"名称由来已久（从 1285 年至 1913 年），是历史流传下来很难改变的名称，"朔方道"虽然是在民国初期由上而下对原来"宁夏道"进行的更名，但在类似"政府公报"一类的文献记载中，"朔方道"即使仍按以往的旧式称呼"宁夏道"使用在当时也是可以接受的。同时，在本地编纂的一类文献在民国初期改为"朔方道"后，自然一贯以"朔方道"之名使用，不会再有变动。

不论当时北洋政府是否再次将朔方道改名为宁夏道，都不可否认"一地两名"的事实，"宁夏道"和"朔方道"是同时并用的。

总体上，民国时期朔方道的建置与清末时期"道"作为准行政区的建置相比更为正式。当时俗称的宁夏道，也就是朔方道，统辖八县，分别是宁夏县、宁朔县、平罗县、中卫县、灵武县、盐池县、金积县、同心县。

宁夏县：在 1913 年 4 月裁府留县，治宁夏城。辖境相当于今银川市、

---

① 刘学懋：《朔方道建置初探》，《宁夏社会科学》1991 年第 2 期。

表 1 - 1　　　　　　　**民国时期宁夏行政设置历史沿革表**

(1912 年 4 月—1928 年 11 月)

1912 年 4 月— 1913 年 4 月	1913 年 4 月— 1914 年 6 月	1914 年 6 月— 1927 年	1927 年—1928 年 11 月
甘肃省宁夏府辖 1 州 4 县 1 厅。首县宁夏县宁朔县	甘肃省朔方道辖 8 县。道治宁夏县。1913 年 4 月宁夏府撤销设立朔方道	甘肃省朔方道辖 8 县。道治宁夏县。1914 年 6 月朔方道改为宁夏道	甘肃省宁夏行政区辖 8 县。行政区驻地宁夏县。1927 年宁夏道改为宁夏行政区
	甘肃省朔方道宁朔县	甘肃省宁夏道宁朔县	甘肃省宁夏行政区宁朔县
甘肃省宁夏府灵州	甘肃省朔方道灵武县。1913 年 4 月灵州改为灵武县	甘肃省宁夏道灵武县	甘肃省宁夏行政区灵武县
	甘肃省朔方道盐池县。1913 年 4 月由灵州析置	甘肃省宁夏道盐池县	甘肃省宁夏行政区盐池县
绥远城将军伊克昭盟鄂尔多斯右翼中旗（鄂托克旗）地	绥远特别区域伊克昭盟鄂尔多斯右翼中旗地	绥远特别区域伊克昭盟鄂尔多斯右翼中旗地	绥远特别区域伊克昭盟鄂尔多斯右翼中旗地
甘肃省宁夏府平罗县	甘肃省朔方道平罗县	甘肃省宁夏道平罗县	甘肃省宁夏行政区平罗县
甘肃省宁夏府宁灵厅	甘肃省朔方道金积县，1913 年宁灵厅改为金积县	甘肃省宁夏道金积县	甘肃省宁夏行政区金积县
甘肃省固原直隶州平远县	甘肃海上朔方道镇戎县，1914 年 1 月平远县改名镇戎县	甘肃省宁夏道镇戎县	甘肃省宁夏行政区豫旺县。1928 年 3 月镇戎县改名豫旺县
甘肃省宁夏府中卫县	甘肃省朔方道中卫县	甘肃省宁夏道中卫县	甘肃省宁夏行政区中卫县
阿拉善额鲁特旗	西套二旗：阿拉善额鲁特旗、额济纳旧土尔扈特旗民国初期直隶中央	甘肃省宁夏护军使辖二旗。护军使署驻宁夏县，西套二旗：阿拉善额鲁特旗额济纳旧土尔扈特旗，清末原由理藩院管辖设将军。1914 年划归甘肃省管辖废将军，改置宁夏护军使又称甘边宁夏护军使	甘肃省宁夏镇守使辖二旗，镇守使署驻宁夏县。1921 年宁夏护军使改称宁夏镇守使
额济纳旧土尔扈特旗			

　　资料来源：http://www.360doc.com/userhome/ningxshyangebiao，洪定国，2009 年 10 月整理。

贺兰县、永宁县大部和青铜峡市局部地区。

宁朔县：与宁夏县同治一城，1913年迁至满城，1915年迁入新城。辖境相当今银川市、永宁县、青铜峡市、贺兰县部分地区。

平罗县："平虏"之转音，因袭清朝雍正二年所制。

中卫县：因袭清朝雍正三年所制，裁卫改置中卫县。

灵武县：原来称灵州，1913年废州改县并改名，因旧灵武郡为名。

盐池县：1913年由旧灵州所属花马池分州析置，因境内有盐池，故名。治花马池，1915年又将灵武县属之惠安、盐积、限宁、萌城4堡并入。

金积县：本旧宁灵厅，1913年4月废厅改县并改名，因县境有金积山得名。治金积堡。

同心县：因袭清在下马关设平远县，原隶属固原直隶州。因与广东、贵州两省县名重复，1914年1月更名镇戎县，仍驻平远。[1]

除了以上8县外，当时朔方道还包括内蒙古西套二旗。民国初年仍沿清代旧制，不设盟，各为独立旗，直属北洋军阀的北京政府蒙藏院。此二旗分别为阿拉善和硕特旗（简称阿拉善旗）与额济纳旧土尔扈特旗（简称额济纳旗）。阿拉善旗位于贺兰山西部龙首山北部，额济纳旗南界甘肃，西界新疆，北界蒙古，东界阿拉善旗。[2]

第三节　宁夏单独建省后的行政区划变革

在军阀混战中，北洋政府时期的省、道、县三级地方制度陆续被各省废除。随着南京国民政府逐步取得对全国的统治权，混乱不一的省制建置也逐步被取代，改变为省、县两级制，只在西康、威海卫、蒙古、西藏等一些区域实行特殊的地方制度。此外，在中央设院辖市，在地方设省辖市，省设有行政督察专员公署作为派出机构，县以下设区、乡（镇）、保、

---

① 1928年3月迁治豫旺堡，改名豫旺县，县以城为名，相传元太祖时曾命豫王筑城于此，故名豫王城，后讹为豫旺城。

② 孙翰文：《宁夏地理志》，《西北论衡》第5卷第6期。

甲等基层组织。

省政府是国民政府地方最高行政机关,在中国国民党指导、监督之下,受国民政府之命,处理全省政务。省政府采用合议制,由省政府委员、主席组成省政府委员会。省政府主席初由省政府委员会推选,后改由国民政府从省政府委员中选任。省政府由秘书处、各厅及各直属处局组成。行政督察专员公署原为临时性设置,各省名称不一[①]。1932 年 8 月行政院颁布《行政督察专员公署组织条例》以后,各省区将名称陆续统一。1936 年行政院又颁布《行政督察专员公署组织暂行条例》,专员公署遂正式成为省、县之间的一级辅助省政府的行政机构,在各省普遍建立。专员由行政院院长或内政部部长提请国民政府任免,承省政府之命,推行法令并监督指导,既统筹辖区各县市行政,又兼任该地区保安司令,指挥监督辖区内的保安团队、警察及一切武装自卫民众组织。1938 年 9 月,国民政府公布《县组织法》,规定县政府在省政府指挥监督下,处理全县行政,监督地方自治事务,在不抵触中央及省的法令范围内,发布命令,制定县单行规则。1939 年 9 月国民政府又颁布《县各级组织纲要》,规定县政府受省政府的监督指挥,办理全县自治,执行中央及省政府交办的事项[②]。

行政体制的改变是全国性的,各地行政组织都随之发生较大变化。1924 年 10 月冯玉祥发动北京政变,1925 年冯玉祥西北军入甘以后,开始酝酿改省计划。为减少西北回族军阀势力的反对,他让驻西北军的马福祥担任助手,并任命马福祥为西北边防会办,还提拔其长子马鸿逵为第七师师长。在马福祥父子的帮助下,宁夏镇守使及甘肃各镇回族小军阀都纷纷拥戴冯玉祥。此后,冯玉祥出任西北边防督办兼任甘肃省督办[③]。同时,西北军为了扩大局面,提出了甘肃省分治案。

1928 年,甘边代表定养吾赴京请愿,请以甘肃省宁夏道属等处,合

---

① 秦闻一、常培军、高卫星:《中国行政制度史纲》,中州古籍出版社 1991 年版,第 144 页。
② 施养成:《中国省行政制度》,商务印书馆 1947 年版,第 64、512 页。
③ 《西北汇刊》1925 年第 6 期。

并阿拉善、额济纳二旗地方合设宁夏省，后经内政部长薛笃弼提交中央政治会议①。

所提交的书面资料中包括在宁夏建省的理由和办法。其中提到的理由是：

> "甘肃面积过广，北部阿拉善鲁特旗以及额济纳土尔扈特旗地方，汉、蒙杂处，夙号难治。从前设有宁夏护军使管辖。宁夏护军使改为镇守使，该地方仍归宁夏镇守使辖治。现时镇守使既不设立，该两旗地方遂致无所管属。甘肃省政府鞭长莫及，难以控制，长此以往，殊非所宜。况该处地广人稀，尚待开发，听其自然，亦属可惜。查甘肃宁夏地方东频黄河，土地肥沃，若将旧宁夏道属各县与阿拉善、额济纳两旗地合并为一，划设成省，先就宁夏附近之地，从事屯垦，一面向阿拉善、额济纳地方逐渐开发，不到十年间，即可与内地各省相埒。至于宁夏物产丰富，关于省之经费，较之青海等省，尚有余裕，亦无虞财政之困难也。"

其中提到的办法是："将旧宁夏道属各县与阿拉善、额济纳两旗地合并成省，名为宁夏省，其省治即设在宁夏"。②

通过几次会议商讨和酝酿，于1928年10月19日正式以国民政府命令行文公布设置宁夏省③。这样，在一定的政治、军事背景下④，加之经济、地理、历史等诸多因素的影响，宁夏终于单独建省。中国国民党中央政治会议第159次会议决定：甘肃省西宁道所属各县划入青海省，定西宁为青海省会；将旧宁夏护军使所辖地区及旧宁夏道所属各县合并设宁夏省。

从表面上看，分省设置是为宁夏地区的发展考虑，但根据文献分析，实

---

①　桑镐：《新六省之成立与河北省之改名》，《地理杂志》第2卷第1期。

②　《国闻周报》，《一周间国内外大事述评》第5卷第41期。

③　叶祖灏：《宁夏纪要》，南京正论出版社1947年版。国民政府文官处，《(宁夏)国民政府公报》1928年10月第2号。

④　陈育宁：《宁夏通史（近现代卷）》，宁夏人民出版社1993年版，第101页。

质上是为了达成从中央到地方、从汉族势力到回族势力诸多方面的利益均衡。从中央的角度考虑，蒋介石的独裁专政除了要以军事武力消灭异己之外，也需要在政治手段方面做"缩小省区"的努力，从而分散和削弱地方势力，实现分而治之的目的。从地方的角度考虑，大小地方军阀集团都想在一省或一地掌握实权，通过截留财源、委任官吏、自征税赋实行武装割据。而分省设置自然可以满足更多军阀以军驭政的愿望。从汉族势力和回族势力的均衡考虑，当时甘肃省分为八镇，回族和汉族方面各占据四个镇守使①。当冯玉祥部入甘后，对地方汉族和回族势力分别进行了瓦解和分散。汉族地方武装集团以甘肃陆军第一师师长李长清和旅长包玉祥为首，后被人谋杀，而张兆钾、孔繁锦、宋有才、黄得贵等汉族地方实力派也遭到排挤和驱逐。对待回族势力，为不影响西北局势，避免回汉仇杀，则以拉拢和分散为主。将宁夏、青海地区从甘肃省划分出两个独立行省是采取的重要手段之一，因为这样就可以合法地分散西北回族势力，同时通过中央政府重新任命省一级官员，西北军的势力就能够与西北宗法及本地回族军阀形成抗衡，对政治局势进行有力控制。

1929 年 1 月 1 日宁夏省政府正式建立。下辖 9 县 2 旗：宁夏县、宁朔县、平罗县、中卫县、灵武县、金积县、盐池县、预旺县、磴口县和阿拉善、额济纳二蒙旗。其中预旺县是由原来的镇戎县更名而来，而磴口县是新增加的县。总人口 70 余万，总面积 27.491 万平方千米，占全国总面积的 2.38%②。需要说明的是，其中阿拉善、额济纳二旗虽然在宁夏省的区划范围之内，但其一切的行政管理权均不归宁夏省政府管辖。所以，宁夏省的实际管辖范围，仅为贺兰山以东 9 县，其土地面积为 2.945 万平方千米，约占全省总面积的 10.7%。③

1933 年将中卫县重新划分为中卫、中宁两县。因为之前的中卫县城，东至分水岭宁朔县界，共计二百二十华里；西至营盘水，甘肃靖远县界，

① 刘学懋：《朔方道建置初探》，《宁夏社会科学》1991 年第 2 期。
② 《宁夏资源志》，宁夏省政府 1946 年编印。
③ 吴忠礼：《宁夏建省溯源》，载《宁夏大学学报》1984 年第 2 期。

共计二百一十华里；南至打拉池海原县界，七十华里；北至蒙古界，四十余华里。面积与其他县相比，较为广大，对于政令的推行常常有鞭长莫及之感。所以"为因地制宜，便于治理起见，于 1933 年 9 月，提经本府（宁夏省政府）委员会议议决，将中卫县划分为中卫、中宁两县。以黄河为界，河南增设中宁县，以宁安堡为县城；河北为中卫县，县城仍旧。自分县后，政治推行，既感便利，命令传达，亦不复以前迟滞矣"①。

1933 年，在宁夏省政府委员第 140 次会议上，经马鸿逵再次亲自提议后，正式决定宁夏省会采用"银川市"的名称。

1937 年春，预旺县城因战争城墙多处被毁，靠近城内外的居民，也寥寥无几，于是将县治移至同心城，预旺县的名称再次被改名为同心县。

至此，原来所辖 9 个县变为 10 个县：宁夏县、宁朔县、平罗县、中卫县、中宁县、灵武县、金积县、盐池县、同心县、磴口县。

宁夏县：西汉和东汉时期置廉县，治今贺兰县暖泉附近，辖今贺兰县西部及平罗县、石嘴山市、惠农县全境。隋唐时期属怀远县，宋初为怀远镇。明朝为宁夏卫地。清朝雍正三年，裁卫改置宁夏县，为甘肃省宁夏府附郭首县。民国初年，裁府留县，至 1928 年建省时，划归宁夏省管辖。②1937 年宁夏省地政局组织土地清查后，实测面积为 1110375.00 亩，占总测量面积的 15.9%。③县中较大的属地有新城、谢岗堡、常信乡、李岗堡、保家户、洪广营等。④

宁朔县：秦汉时期属北地郡，北魏时属怀远县，明朝时属宁夏卫。清朝雍正二年，以宁夏右屯卫改县，隶宁夏府，辖境相当于今银川市、永宁县、青铜峡市、贺兰县部分地区。1937 年宁夏省地政局组织土地清查后，实测面积为 1279200.00 亩，占总测量面积的 18.4%。县中较大的属地有王洪堡、杨和堡、纳家户、叶升堡、瞿靖堡、李俊堡、王元

---

① 马鸿逵：《十年来宁夏省政述要》，民国宁夏省政府秘书处编，第二册，民政篇，1942 年版，第 22 页。

② 参见鲁人勇、吴忠礼、徐庄《宁夏历史地理考》，宁夏人民出版社 1993 年版。

③ 总测量面积包括除磴口县、盐池县和同心县以外的 7 个县的面积。

④ 马鸿逵：《十年来宁夏省政述要》，民国宁夏省政府秘书处编，第六册，地政篇，1942 年版。

桥、小坝堡。

平罗县：平罗在西周和春秋战国时期，为一些戎狄部落游牧的地方。秦时属北地郡。三国时因羌族之乱，郡县或迁或废，平罗为鲜卑乞伏部游牧之地。西晋时平罗为鲜卑、羌族游牧地方。东晋、十六国时平罗为匈奴铁弗部游牧地方。唐朝时在平罗姚伏附近置警州辖治平罗一带。五代时平罗仍属警州。北宋时宁夏地区属秦凤路，改警州为定州，平罗属定州。明世宗嘉靖三十年改为平虏守御千户所。清朝初年改为平罗所，属甘肃省宁夏府，雍正二年置平罗县。民国初年，划归朔方道，宁夏建省后，划归宁夏省管辖。1937 年宁夏省地政局组织土地清查后，实测面积为 2170800.00 亩，占总测量面积的 31.2%。县中较大的属地有黄渠桥、宝丰镇、姚伏堡等。

中卫县：秦代属北地郡，西汉为安定郡。北魏属灵州鸣沙郡，北周置会州，隋置鸣沙县和丰安县，元设应理州。明永乐年间置宁夏中卫，清雍正年间改称中卫县，属宁夏府①。民初划归朔方道管辖，宁夏建省后划归宁夏省管辖。1933 年以黄河为界将中卫县划分为中卫和中宁两县。1937 年宁夏省地政局组织土地清查后，中卫县实测面积为 562800.00 亩，占总测量面积的 8.1%。县中较大的属地有柔远、镇乐、莫家楼、宣和堡、永康堡、常乐堡、新墩等。

中宁县：1933 年析中卫县东部置，驻宁安堡。1937 年宁夏省地政局组织土地清查后，中宁县实测面积为 757200.00 亩，占总测量面积的 10.9%。县中较大的属地有鸣沙州、广武城、渠口、张恩、枣园堡、恩和、石空等。

灵武县：北魏时期为薄骨律镇，后来改为灵州。西魏时期改置灵州普乐郡。北周时期改为灵州，隋时改为灵武郡，驻回乐县。唐朝时复置灵州，朔方节度使驻此，天宝初改曰灵武郡，后又改为灵州。宋朝时为西平府，元朝再次称灵州，属甘肃行省宁夏府路。明朝洪武十七年黄河水淹没

---

① 参见鲁人勇、吴忠礼、徐庄《宁夏历史地理考》，宁夏人民出版社 1993 年版。

灵州，多次迁徙。明朝置灵州守御千户所，属陕西省宁夏卫。清朝仍称为灵州，属甘肃省宁夏府。民国时期开始改为灵武县，属甘肃省宁夏道。宁夏建省后，划归宁夏省管辖。1937 年实测面积为 717600.00 亩，占总测量面积的 10.3%。县中较大的属地有吴忠堡、崇与镇等。[①]

金积县：秦属北地郡，为富平县地。北瑰以后归灵州。明为灵州千户所属地金积堡。清朝仍为灵州属堡。同治十年，马化龙领导的金灵回民大起义被镇压，为加强对灵州一带回民聚居地区的控制，经陕甘总督左宗棠请准，改宁夏水利同知为宁灵抚民同知，其宁灵厅驻金积堡，直属宁夏府管辖。民国二年（1913 年）改宁灵厅为金积县，隶属朔方道。宁夏建省后，划归宁夏省管辖。1937 年实测面积为 367200.00 亩，占总测量面积的 3.2%。县中较大的属地有秦坝关等。

盐池县：秦属北地郡。北魏时属大兴郡，西魏改大兴郡为五原郡，后又由西安州改置为盐州。隋朝开皇三年置盐州，设行州、县二级制，改五原郡为五原县。隋朝大业三年改为盐川郡。唐朝及宋朝均为盐州，明朝置花马池守御千户所，后改为宁夏后卫，隶属陕西都司。清朝置宁夏府，在其下辖的灵州之下置花马池分州。民国二年（1913 年）改为盐池县，隶属朔方道。民国四年将惠安堡、盐积堡、萌城堡、隰宁堡划归盐池县管辖。1936 年中国共产党在盐池县建立红色政权，县境有四分之三属于解放区。1937 年宁夏省地政局在组织土地清查时并未针对盐池县进行。

同心县：最早在西汉时置三水县。东汉末，曹魏废三水县。隋唐以后一千多年未有建县。清朝同治十三年，设立平远县。平远县于民国三年（1914 年）易名为镇戎县。镇戎县在宁夏建省时划归为宁夏省管辖并将其易名为豫旺县。1936 年 6 月 27 日，西征红军攻克豫旺县城下马关，国民党豫旺县政府机构被摧毁。1936 年 10 月 20 日至 22 日，中共陕甘宁省委在红军的大力协助下，在同心城清真大寺成立了中国第一个少数民族自治政权——豫海县回民自治政府，县政府设在王家团庄。由于红军东撤，宁夏马鸿逵的破坏，

---

①　马鸿逵：《十年来宁夏省政述要》，民国宁夏省政府秘书处编，第六册，地政篇，1942 年版。

豫海县回民自治政府于 1937 年 4 月终止了革命活动。1938 年，国民党豫旺县政府恢复，由下马关迁至同心城，并再次更名为同心县。

磴口县：春秋末战国初，赵国迅速强大，磴口地区为赵属地。秦灭六国，置九原郡，磴口隶属九原郡。秦末战争直到汉武帝数百年间，磴口复为匈奴游牧地。西汉时属临戎县，隋初到唐隶属于九原郡。清朝时属阿拉善额鲁特旗管辖。民国十五年（1926 年）冯玉祥决定在磴口设县，管辖上至乌海西，下到四坝沿河一线，并将设县治理意图拟文上报当时武汉国民政府，委任临时县长，于此磴口县正式建制。国民政府正式行文批复是 1929 年，磴口设立县制并隶属宁夏省，从 1926 年设县治到 1931 年，磴口地区只有县治的虚名，地方控制权一直在阿拉善王爷手中。国民党在磴口县政府人员极少，政府通过收一部分商贸税维持薪俸。1932 年以后，马鸿逵主政宁夏，正式任命县长以加强其统治。[①]

1941 年宁夏省增设永宁和惠农县。以"便于推行政令"为由，经省政府委员会议议决通过，并电奉行政院照准，于同年 4 月 1 日将宁夏县、宁朔县、平罗县三个县重新划分成五个县，增设永宁和惠农两个县。同时，原宁夏县改名为贺兰县。五个县各设置县治，并明确划分县界。

贺兰县：县治设谢岗堡，东至通昌，南至中前，西至贺兰山，北至洪广营。

永宁县：县治设杨和堡，东至通宁通朔，南至王洪，西至靖益，北至盈北。

宁朔县：县治设汉坝，东至任春，南至分水岭，西至宁化玉泉，北至宋澄。

平罗县：县治仍设平罗，东至六中，南至姚伏，西至冲口，北至惠威。

惠农县：县治设宝丰，东至灵沙，南至南长渠，西至西永固池，北至河拐子。[②]

1941 年增设陶乐县。当时其地处毛乌素沙漠的西南边缘，黄河以东，

---

① 参见《磴口县文史资料》，磴口县政协文史资料委员会编写，第 82—84 页。

② 马鸿逵：《十年来宁夏省政述要》，民国宁夏省政府秘书处编，第二册，民政篇，1942 年版。

明长城以北与鄂托克前、后旗接壤，南部以长城为界和灵武县相交。秦时属
怀远县，县境内修筑重要军事要塞——"浑怀障"。汉晋时，浑怀障仍被重
用。北魏孝文帝在此置历城县，北周时置历城郡建安县。隋、唐、五代时期
为游牧区。元属甘肃省宁夏府路辖。明代在其南部修筑东长城和行堤后，大
部境地划在长城之北，称为边外地。此后成为蒙古族游牧地。清朝属绥远
省，即今内蒙古自治区鄂托克旗。民国十八年（1929 年），宁夏省在此设置
陶乐设治局。绥远省反对，并于此年 8 月在此设置沃野设治局，但未实行设
治。直至民国二十六年（1937 年）11 月民国政府内政部派员查勘后，裁定
沃野设治局撤销，设宁夏省陶乐设治局，并开始派官员前往推行行政指令。
此后行政方面有一定发展，随着人口的增加、政治地位的上升受到一定关
注，后经宁夏省府委员会议议决将陶乐设治局，提升为县，并呈行政院照
准，于 1941 年 4 月 1 日起实行，驻高仁镇。至此，宁夏省原来所辖 10 个县
增至 13 个县，即贺兰县、宁朔县、平罗县、中卫县、灵武县、金积县、盐
池县、同心县、磴口县、中宁县、永宁县、惠农县、陶乐县。

　　县治之外，还有设治局，作为一种过渡性的政治组织。民国中央政府
规定"各省有筹设县治必要的地方"可设置设治局。一般而言，设治局大
都在边远尚未完全开发的地方。宁夏省原有 4 个设治局，其中陶乐改为县
治后，剩余 3 个，分别是香山、居延、紫湖三个设治局。

　　香山设治局即中卫香山堡，民国三十年（1941 年）析中卫县香山地
区置，因驻所得名。民国三十六年（1947 年）裁撤并入中卫县。

　　紫湖设治局即阿拉善旗紫泥湖地，原属西旗阿拉善辖地，清朝时属定
远营。民国十八年（1929 年）11 月呈准设置，以驻所得名。民国三十年
（1941 年）2 月，暂缓设局。

　　居延设治局即额济纳旗居延城。民国十八年（1929 年）11 月呈准设
置，以驻所得名。民国三十年（1941 年）2 月，暂缓设局。

　　1945 年 1 月增设银川市，即宁夏省城。1945 年 10 月，民国中央政府
内政部来文通知，凡各省政府所在地，没有建立市一级政府机构的城市，
都要规划建市，在城市居民人口达到一定数量、市政建设、市容市貌、工

商业繁荣发展达到一定规模时，可向民国中央政府申报建立省会城市。民国宁夏省政府经过多次开会和调研，决定向民国中央政府申报建立省会城市——银川市，并决定由时任民国宁夏省政府建设厅厅长兼交际处处长李振国负责筹建成立银川市的各项工作。①

民国三十六年（1947年）宁夏省会置为银川市，同年4月成立市政府。

民国三十四年（1945年）3月，全省设置3个行政督察区：

"第一行政督察区"，专署驻宁朔县，辖永宁县、宁朔县、金积县、灵武县计4县。

"第二行政督察区"，专署驻中宁县，辖中卫县、中宁县、盐池县、同心县和香山设治局计4县1局。

"第三行政督察区"，专署驻惠农县，辖平罗县、惠农县、磴口县、陶乐县计4县。

根据所收集到的资料，可以对民国时期宁夏省行政区划及变革有一个较为清晰的认识和了解。在表1-2中对于涉及的县、市、局等的行政区划都通过在宁夏建省前后的一些名称、治所以及地理范围上的变化进行了梳理。1945年5月，由原3个行政督察区改为银南、银北2个行政督察区，"银南行政督察区"辖中卫县、中宁县、同心县、盐池县、灵武县、金积县、宁朔县、永宁县及香山设治局计8县1局，专署驻中宁县；"银北行政督察区"辖贺兰县、平罗县、惠农县、磴口县和陶乐县计5县，专署驻惠农县。不久后各行政督察区撤销，改由宁夏省政府直辖。此后，行政区划一直持续到1949年。

1945年8月，南京国民政府发布第18388号行政院令，公布了《宁夏省银川市政筹备处组织规程》。

1947年5月27日，行政院发布第20051号令，公布了《宁夏省银川市政府组织规程》，按组织规程，宁夏省会银川市宣告成立，首任市长为李振国。

表 1-2　　　　　　**民国时期宁夏省行政区划及变革一览表**

(1929 年 1 月—1947 年 5 月)

县市局名称	治所	备注
银川市	宁夏城	民国三十六年（1947 年）宁夏省会置为银川市，同年 4 月成立市政府
贺兰县	宁夏城，谢岗堡	北洋时期属甘肃省宁夏道，民国十八年（1929 年）1 月属宁夏省。因与省名重名，民国三十年（1941 年）4 月 1 日改名
宁朔县	宁夏城，王洪堡（1934 年）李俊堡（1941 年 4 月），汉坝（1941 年 5 月）	北洋时期属甘肃省宁夏道，民国十八年（1929 年）1 月属宁夏省
灵武县	灵武城	民国十八年（1929 年）1 月属宁夏省
盐池县	盐池城	北洋时期属甘肃省宁夏道，民国十八年（1929 年）1 月属宁夏省
平罗县	平罗城	北洋时期属甘肃省宁夏道，民国十八年（1929 年）1 月属宁夏省
磴口县	磴口城广兴源（1942 年 3 月）	民国十八年（1929 年）1 月 30 日国民政府正式认可
中卫县	中卫城	北洋时期属甘肃省宁夏道，民国十八年（1929 年）1 月属宁夏省
中宁县	宁安堡	民国二十二年（1933 年）9 月析中卫县黄河以东置
金积县	金积堡	民国十八年（1929 年）1 月归属宁夏省
同心县	豫旺堡同心城（1938 年 4 月）	民国十八年（1929 年）1 月属宁夏省。民国二十七年（1938 年）4 月改今名
陶乐县	陶乐湖滩	民国十八年（1929 年）11 月析平罗县黄河东置陶乐设治局，因驻地得名。民国三十年（1941 年）4 月 1 日改制县
永宁县	杨和堡	民国三十年（1941 年）4 月 1 日析宁夏、宁朔 2 县置
惠农县	宝丰镇	民国三十年（1941 年）4 月 1 日析平罗县北部置，因惠农渠得名
阿拉善额鲁特特别旗	定远营	位于宁夏省西北部，明末被成吉思汗之弟的后裔所据，直到民国。民国时期，直属行政院，受蒙藏委员会管理
额济纳土尔扈特特别旗	威远营	名称是地名与旗名联合而成，俗称额济纳旗。民国时期，直属行政院，受蒙藏委员会管理
紫湖设治局	紫泥湖	属西旗阿拉善辖地，民国十八年（1929 年）11 月呈准设置，以驻所得名。民国三十年（1941 年）2 月，暂缓设局
居延设治局	居延湖泊	属额济纳旗辖地，民国十八年（1929 年）11 月呈准设置，以驻所得名。民国三十年（1941 年）2 月，暂缓设局
香山设治局	香山堡（今中卫县城南）	民国三十年（1941 年）析中卫县香山地区置，因驻所得名。民国三十六年（1947 年）前裁撤并入中卫县

资料来源：根据（民国）宁夏省政府秘书处编《十年来宁夏省政述要》第二册——民政篇整理得到。

　　总体来看，在民国时期宁夏自建省后总的地域范围变化不大。在行政区划的变革中，除了属于蒙藏委员会管辖的两旗外，宁夏自建省以后的 9 个县，增加到解放前的 13 个县，县的划分数目有所增加，原来 9 个县的名称和边界划分有一定变化。新中国成立后，宁夏省建制一直延续到 1954 年，1954 年将其并入甘肃省。

第四节　小结

　　地方行政区划是地方行政制度的基础，从制度变迁的角度看，民国时期宁夏地方行政制度的变迁主要体现在以下几个方面。第一，宁夏单独建省，使得行政层级上升，从县一级变为统县一级。成立了省政府后，为宁夏省地方行政制度的生成提供了重要条件。这是中央与地方关系变化的反映，也是北洋军阀时期省区独立意识在局部地区的反映。第二，宁夏省地方行政组织内部层级在不同时期也有变化，从 1929 年的"省—县"二级制到 1945 年变为"省—行政督察区—县"的三级制，新中国成立前又恢复为"省—县"二级制。县治之外，还有设治局，基本与县平级，是一种过渡性的政治组织。1929 年有陶乐、紫湖、居延三个设治局呈准设置，1941 年紫湖、居延暂缓设局，陶乐改为县制，增设香山设治局，1947 年香山设治局又裁撤并入中卫县。第三，对县级政区幅员的多次重新规划，县的数目也有所增加。1929 年建省时共 9 个县，1933 年将中卫县重新划为中卫、中宁两县；1941 年将宁夏县、宁朔县、平罗县三县重新划分成五县，增设永宁和惠农两县；同年增设陶乐县。总体上将大县变为小县，起到分而治之的目的。第四，"银川市"的名称虽在 1933 年就由马鸿逵提出将其作为宁夏省会的名称，但时隔14 年，到 1947 年银川市才正式建立。

　　在研究民国时期宁夏地方行政区划时，可以发现变迁过程具有一定的阶段性特征。在此基础上，运用历史制度主义中的制度起源理论和断裂均衡理论，为后文内容的展开找到制度变迁的关键节点，对民国时期宁夏地方行政制度的变迁进行阶段划分。将 1929—1949 年划分为四个阶段：第一阶段建省初期 1929—1933 年；第二阶段抗战前 1933—1937 年；第三阶段抗战期间 1937—1945 年；第四阶段抗战后 1945—1949 年。

历史制度主义在时间要素上注重以事件为中心的序列分析，建省、抗日战争和解放战争是此阶段发生的重大事件，故作为阶段的分界点。单独建省这一宁夏历史上的重大变化打断了之前长时期处于相对平衡的状态，从而使以长期稳定为标志的地方行政制度，开始进入相对突然的制度变迁的过程，"在制度在发生周期性的间断波动之后又可以恢复相对稳定的状态。"[①] 同时，由于制度危机通常源自外部环境的变迁，抗日战争带来的政治危机与旧制度的崩溃相伴而生，这一崩溃促成在新制度安排情形下对外部事件的制度回应。同时，在解放战争中体现出强大的社会力量对旧体制的统治者进行了颠覆性的政治暴动，其"革命的力量对比、革命的最终结果以及旧的制度传统都为（国家和地方）新制度的选择构成了前提条件。"[②]

行政区划提供了制度存在的前提条件，而制度的核心还在于权力的运用，那么就需要了解民国时期宁夏地方行政权力划分是如何变迁的，下一章将主要围绕此问题展开论述。

① Stephen D. Krasner, "Approaches to the State: Alternative Conceptions and Historical Dynamics", *Comparative Politics*, 16, No. 2 (Jan., 1984): 223—246.

② Theda Skocpol, States Social Revolutions: A Comparative Analysis of France, Russia, and China, Cambridge: Cambridge University Press, 1979, p. 163.

第二章

宁夏省地方行政权力划分(1929—1949年)

第一节　建省初期均权主义的设想

一　中央与地方均权主义的政治路线

在中央权力采用五权分立的方法进行划分时，中央集权和地方分权的矛盾异常突出。一方面是地方分权的呼声，因为各省的地域辽阔、交通不便、环境各异、民情风俗各异，集权统治实属不易。同时，各省军人割据普遍存在，中央政府若不因势利导，唯恐造成政治之祸。另一方面是中央集权的呼声，"对于历代统治者来说，保持专制政权的长期统一和稳定是最高政治目的。"① 当时，省区并非由真正的民政区域演进而来，其设置原为中央政府监察州县之便利而划分，各省政府并未直接处理一省民事；同时，行政长官往往漠视中央政令，专擅一方，若不集权统治，唯恐省政府挟持民意以凌中央。中央政府与地方政府的分权形式遂成为争议的焦点，出现了联省自治联邦制、一国多制等多种论调。

在中央与地方分权的原则问题上，孙中山多次发表意见。1913 年 4

---

① 周振鹤：《中国地方行政制度史》，上海人民出版社 2007 年版，第 251 页。

月，孙中山在《国民党政见宣言》中首先指出存在的问题，即"从来中央与地方官，权限多不明晰"，并强调"权限亟应划分，行政始可着手"，同时，他主张"在单一国制，立法权固当属诸中央，然中国地方辽阔，各省情形各异，不能不稍事变通。故各省除省长所掌之行政之外，当有若干行政，必须以地方自治团体掌之，以为地方自治行政。此自治团体对于此等行政有立法权。唯不得与中央立法相抵触。至于自治行政之范围，当以为地方关系密切之积极行政为限。"① 以此为基础，南京国民政府在 1924 年 1 月发表了《中国国民党第一次全国代表大会宣言》，宣言中提到"中央及地方之权限，采均权主义"，对于如何"均权"也做了相应规定，即"凡事务有全国一致之性质者，划归中央；有因地制宜之性质者，划归地方"。并最后表明了均权思想的性质是"不偏于中央集权制或地方分权制"的。②

1924 年，孙中山在《国民政府建国大纲》中也做了有关中央与地方分权的相同规定。同时，为了有步骤、有计划地实现政治统治，对他所提出"军政、训政、宪政"三阶段的政治路线进行阐明，其中包含的思想与均权思想有紧密联系：

> "在军政时期，一切制度悉隶于军政之下。政府一面用兵力扫除国内之障碍；一面宣传主义以开化全国之人心，而促进国家之统一"；"凡一省完全底定之日，则为训政开始之时"，"在训政时期，政府当派曾经训练、考试合格之员，到各县协助人民筹备自治。其程度以全县人口调查清楚，全县土地测量完竣，全县警卫办理妥善，四境纵横之道路修筑成功；而其人民曾受四权使用之训练，而完毕其国民之义务，誓行革命之主义者得选举县官，以执行一县之政事；得选举议员，以议立一县之法律，始成为一完全自治之县。一完全自治之县，其国民有直接选举官员之权，有直接罢免官员之权，有直接创制法律

---

① 孙中山：《孙中山全集》台湾六卷本（一），1981 年版，第 178 页。
② 孙中山：《孙中山全集》第 9 卷，中华书局 1986 年版，第 123 页。

之权,有直接复决法律之权";"凡一省全数之县皆达完全自治者,则为宪政开始时期,国民代表会得选举省长,为本省自治之监督。至于该省内之国家行政,则省长受中央之指挥";"全国有过半数省份达至宪政开始时期,即全省之地方自治完全成立时期,则开国民大会决定宪法而颁布之";"宪法颁布之后,中央统治权则归于国民大会行使之,即国民大会对于中央政府官员有选举权,有罢免权;对于中央法律有创制权,有复决权";"宪法颁布之日,即为宪政告成之时,而全国国民则依宪法行全国大选举。国民政府则于选举完毕之后三个月解职,而授政于民选之政府,是为建国之大功告成。"[1]

概括起来,军政时期就是按照"以党建国"的思想,使用暴力实现中央集权;训政时期逐渐由中央集权向均权过渡,实现"以党治国";宪政时期实现"还政于民",完成过渡期,实现"均权主义"。

民国国民政府时期中央权力的划分是以孙中山"五权分立"的思想为基础。孙中山认为宪法是"国家之构成",是"人民权利之保障书"[2],他主张以宪法体系约束国家权力、规定公民权益。当时宪政在西方已经有悠久的历史,孙中山认为"有文的宪法美国的最好,无文的宪法英国的最好"[3],因为"宪法者,是中国民族历史风俗习惯所必须之法,三权为欧美所需要……五权为中国所需要"。[4] 这五权包括立法权、司法权、行政权、监察权和考试权。

根据五权分立准则,国家的体制由行政院、立法院、司法院、考试院和监察院这五院组成。其中行政院由总统组建,行使行政权,位于五院之首,负责管理其他四院的行政工作,提供经费;立法院行使立法权,负责制定其他四院在行使职权过程中所需要的法律法规;司法院行使司法审判

---

① 孙中山:《孙中山全集》第9卷,中华书局1985年版,第127页。
② 孙中山:《孙中山全集》第5卷,中华书局1985年版,第319页。
③ 孙中山:《孙中山全集》第1卷,中华书局1985年版,第329页。
④ 同上。

权，具体通过法律依据对案件进行判决，掌管司法工作，执行法律，是最高的司法机关；考试院行使考试权，决定国会议员代表和各级官吏的被选资格；监察院行使监察权，是最高监察机关，享有独立的调查权和弹劾权。1928 年国民政府公布《中华民国国民政府组织法》，其中明确规定行政院正副院长由中央执行委员会选任之国民政府委员担任，行政院所属各部部长、政务次长、常任次长（1931 年改称常务次长）与各委员会正副委员长均由行政院院长提请国民政府任免。在同年公布的《行政院组织法》中明确规定行政院下设内政、外交、军政、财政、农矿、工商、教育、交通、铁道、卫生 10 个部与建设、蒙藏、侨务、劳工、禁烟 5 个委员会，经国务会议与立法院之议决，行政院得增置或裁并所设各部、会及其他机关（见图 2-1）。五院在行政院的管理下共同行使国家政权，保障国家机器有效运行。

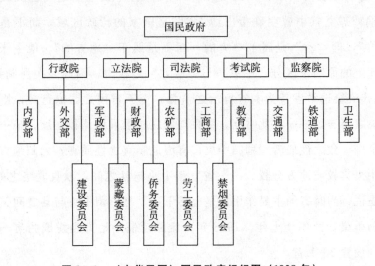

图 2-1　（中华民国）国民政府组织图（1928 年）

资料来源：孔庆泰等：《国民党政府政治制度史》，安徽教育出版社 1998 年版。

孙中山希望通过协作，消除对立，提高行政效率，达到中央与地方权力的最佳均衡状态。但在实际运作过程中却逐渐暴露弊端。

二 省政府委员合议制的确立

"省"曾经是我国古代行政管理中帝王的官署之名，从东汉时期经过魏晋南北朝，再到隋唐，形成尚书省、中书省和门下省，成为古代中央政府较为重要的部门，但这些并不具有"行政单位"的意义。宋朝出现的"路"已经具有行省的规模，元朝时设11个行省，作为国家的地方行政组织。明朝时设13个行省，清朝康熙时设18个行省，光绪时设22个行省。民国初期，仍为22个行省，军阀混战使得"省"演变成地方割据势力直接对抗中央政府的地域单元。

民国三年，地方政府成为"省—道—县"三级制。此时省级政府权力很大，道始终是省的派出机构，实际形成了虚三级制的状态。而"省"的概念也发生了较大的变化，1924年孙中山在制定《国民政府建国大纲》等文献中曾明确指出："省"是国家的行政区域，而不是"自治单位"，即"省"是属于中央的，而不是属于"地方的"。他主张应以自下而上的原则来区分"中央"与"地方"之权限，因此多次强调指出："国民代表会选举省长为本省自治之监督；至于省内之国家行政，则省长受中央之指导，……在此时期，中央与省之权限采取均权制度。……凡事务有全国一致之性质者，划归中央；有因地制宜之性质者，划归地方；不偏于中央集权或地方分权。……省立于中央与县之间，以收联络之效。"[①]也就是说，当时省的主要作用就是上传下达，是协调中央与县之间关系的纽带和桥梁。民国十七年（1928年）废除道制，地方组织成为省—县二级制，设置28个省。

民国期间，为了平衡中央政府与地方政府的权力，南京国民政府一直较重视省政府的治理与设计，从1925年到1929年前后发布《省政府组织法》共计五次（见表2—1）。在各次的《省政府组织法》中大致都包含下面六个部分的内容：（1）省政府委员会组成；（2）省政府机构设置；（3）省主

---

① 《国民党政府政治制度档案史料选编》下册，第804页。

席产生办法；（4）省主席职责；（5）省政府职责及其履行原则；（6）省政府职能与权限。① 此阶段修订较为频繁，每年至少修订一次，在 1927 年甚至达到两次，表现出法令的不成熟性和不稳定性。从条款数目来看，逐年增多。在法令中所提到的省政府的指导、监督机构也有变动：从单纯受政党组织"中国国民党"直接指导，到一年后改为接受具有代表政党意志同时具有执行性质的组织"中国国民党中央执行委员会"的指导监督；1927年 10 月 25 日又改为"中国国民党党义及国民政府法令"，即由组织改为文字性党义和法令。② 说明此时主要采取"以党制政"的政策，党部直接干涉政府，省政府与国民党中央省党部的关系是直接的指导关系。

表 2 - 1　　　　民国《省政府组织法》条款数目与指导机构或法令

（1925 年 7 月—1928 年 4 月）

日期	条款总数	省政府被监督、指导机构或法令
1925 年 7 月 1 日	10 条	中国国民党
1926 年 11 月 10 日	13 条	中国国民党中央执行委员会
1927 年 7 月 8 日	14 条	中国国民党中央执行委员会
1927 年 10 月 25 日	17 条	中国国民党党义及国民政府法令
1928 年 4 月 27 日	25 条	中国国民党党义及国民政府法令

资料来源：根据施养成《中国省行政制度》附录中各次《省政府组织法》整理。

各次省政府组织法中第一条均明确指出省政府的主要行政职能即为"处理全省政务"③，表明"省政府是地方高级政府，它可以对地方低级政府进行指导监督"④。这一职能又可以划分为对下和对上两个方面：从对下的角度来看，省政府具有对县、市行政监督指导的权力；从对上的角度来看，省政府具有代理中央，进行委任行政、委托行政和代监督及传达政令的权力。省政府的组织结构在各次《省政府组织法》中基本一致，它划分

---

① 施养成：《中国省行政制度》附录中各次《省政府组织法》，商务印书馆 1947 年版。
② 见表 2 - 1。
③ 施养成：《中国省行政制度》附录中各次《省政府组织法》，商务印书馆 1947 年版。
④ 施养成：《中国省行政制度》，商务印书馆 1947 年版，第 64 页。

为两个部分：一是审议、决策和协调机关，即省政府委员会（也称为省务会议）；二是实际处理事务的机关，即省政府所设置的各厅及专管机关。各厅处的数量在各次《省政府组织法》中也多次进行调整，1925年规定设置7个厅，1926年减为6个，之后因各省情况相异，便分为常设厅和必要时增设厅两个部分。1928年开始增设秘书处（见表2-2）。此外，还有依法对省政府进行建议、咨询和协助的机构，它们独立于省政府组织系统之外，包括省参议会、中国国民党省执行委员会、民众团体、特设机关、各项临时会议等。

表2-2　　　　　民国《省政府组织法》对省政府厅（处）的设置

(1925年7月—1931年3月)

日期	条款序号	组织机构的组成	设置厅、处的数目
1925年7月1日	第二条	民政厅、财政厅、教育厅、建设厅、商务厅、农工厅、军事厅	7厅
1926年11月10日	第七条	民政厅、财政厅、建设厅、教育厅、司法厅、军事厅	6厅
1927年7月8日	第五条	民政厅、财政厅、建设厅、军事厅、司法厅，于必要时增设教育厅、农工厅、实业厅、土地厅等	常设5厅，必要时增设4厅
1927年10月25日	第九条	民政厅、财政厅、建设厅，于必要时增设教育厅、农工厅、实业厅、土地厅等	常设3厅，必要时增设4厅
1928年4月27日	第六条	秘书处、民政厅、财政厅、建设厅，除试行大学区制之省政府之下设教育厅，必要时增设农矿厅、工商厅	常设3厅1处，必要时增设2厅
1930年2月3日	第八条	秘书处、民政厅、财政厅、教育厅、建设厅，于必要时增设农矿厅、工商厅及其他专管机关	常设4厅1处，必要时增设2厅
1931年3月23日	第七条	秘书处、民政厅、财政厅、教育厅、建设厅，于必要时增设实业厅及其他专管机关	常设4厅1处，必要时增设1厅

　　资料来源：根据施养成《中国省行政制度》附录中各次《省政府组织法》整理。

　　1928年4月27日《省政府组织法》在1925年所颁布的10个条款的基础上已经进行了第五次修订，成为宁夏建省后设立省政府的法律依据。

1928 年 10 月 19 日，国民政府通令"旧宁夏护军使辖地及旧宁夏道属各县地方辽阔，应即设置宁省"。[1] 1928 年 11 月 1 日，宁夏省政府下设一处四厅，即秘书处、民政厅、财政厅、建设厅和教育厅（见图 2-2）。国民政府任命七人为宁夏省政府委员，分别是门致中、邵遇芝、李世军、魏鸿发、马福寿、白云梯、扈天魁。同时，指定门致中任宁夏省首任省主席，任命赵雪田为秘书长，邵遇芝兼民政厅长，扈天魁兼财政厅长，魏鸿发兼建设厅长，李世军兼教育厅长[2]，之后省政府组织成员经过多次调整和变动。宁夏省政府 1929 年 1 月举行成立大会，各省政府委员行就职典礼（其中李世军未到任，由邵遇芝代任；白云梯也未到任）。[3]

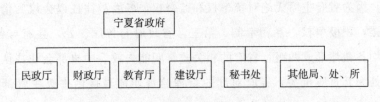

图 2-2　宁夏省政府组织图（1929 年）

资料来源：根据民国宁夏省政府秘书处编《十年来宁夏省政述要》第一册总
类篇整理。

　　宁夏省政府以地方势力的身份统辖一方，对地方行政事务有控制权，对教育行政、财务行政、人事行政等一些具体行政制度有监督和指导权力。单独建省之初，按照国民政府的规定，宁夏省政府对于行政事务的处理主要采用省政府委员合议制，以此来限制省长权力，避免地方割据。到 1933 年，马鸿逵出任宁夏省政府主席，重组了省政府委员会。对于有关党、政、军的行政事务由宁夏省政府委员会通过合议进行行政决策。

　　此时遵照《省政府组织法》，省政府委员会直辖秘书处、地政局以及民政、财政、教育、建设四厅。所谓省政方面的事务只包括省政府委员会

① 《国民政府公报》民国十七年十月（1928 年 10 月）第二号。
② 李泰棻：《国民军史稿》，第 614 页。
③ （宁）《国民政府公报》民国十八年一月（1929 年 1 月）第八十号。

和秘书处,其他省政府的政务和要务全部由秘书处承办,其他四厅和地政局,都是分立办事。这种制度某种程度上避免了独裁,但也存在诸多弊端,主要表现在四个方面。

第一,当一项事务牵涉两个厅以上时,之间所用的行文及其回复往往在各厅间往返转折,延误很多时间。在原则上全省政务均归省政府委员会处理,各种重要事项,均须经省政府委员会议,但省政府会议又非每天召集,经常造成事务被拖延的现象。此外,对于事务是否应提会决议也没有明确规定,会议中事务没有主次之分,往往纠缠于各种烦琐事务之中,行政工作的效率明显降低。第二,省政府委员会权责不清,无法顺利执行和监督。因为省府主席无绝对统率权和监督权,各委员往往以会议为借口消极推诿,积极争权,互相牵制。第三,省政府与各厅、处,县府与各局、科,均各截然形成两级,省府的相关监督职能失效。中央部会往往认省之厅、处为其直属机关,省府对厅的指挥监督职能直接由中央主管部会行使,省政府只居于间接地位。同时,省之厅、处亦认县之局、科为其直属机关,县府各局并立,直接承受主管厅的指挥监督,结果导致省府与县府无法层层节制,省府行政职能仅仅是徒托空言。第四,省政府各厅组织过于庞大,地方行政负担过重。省政府各组织内部人员过于烦冗,造成机构臃肿,行政收益和成本无法相抵,往往造成所得甚少、所费甚多的现象。这些问题明显地阻碍了宁夏省地方行政制度的发展,使行政效率极为低下。从整体而言省政府机构实际处于支离破碎的状态,"精神不能集中,运用不能灵活,影响行政效率的增进,不言而喻。"[①]

三 县长制的确立

中国自秦以来基层政区中县的数目庞大,县与县之间在幅员、人口、交通、经济文化发展水平、赋税数额以及民风等各方面均存在极大差异,使得各县在政务繁简、治理难易程度上各不相同。县作为地方行政的一级

---

① 马鸿逵:《十年来宁夏省政述要》,民国宁夏省政府秘书处编,第一册,总类篇,1942年版,第24页。

政府，始于春秋战国之际，形成于秦统一六国以后，嗣后，无论地方行政层级是二级制、虚三级制或是实三级制，县政府一直作为一种实授行政机构延续下来。[①] 在中国古代行政中，县政在家—国二元专制制度中一直处于重要的地位。在中国地方行政制度史中，一直存在"一牢不可破之观念"，即"县政府亲民，所谓县长为亲民之官是也。"[②] 清末以来，县行政经过多次修改，种种改革的主张对民国时期都有一定借鉴意义。

民国时期，县政仍然是内政的核心，县政的得失直接影响到一国整个政治。[③] 民国初期便开始有了一些专门规定，并先后几次商议和修订了组织法令，包括《修正县组织法》《县组织法实施法》《县长任用法原则》《县长考试条例》等。南京国民政府成立后，制定了《县组织法》以及相关法令和条例，此后又针对当时问题及变化形势进行了若干次修订，是县级行政权力划分的法律基础。

1927 年 6 月，国民党中执委政治会议做出决议：县级行政"一律采用县长制"，并于 6 月 9 日令各省遵照实行。至此，中国近代县政史上的县公署改为县政府，县知事正式改为县长。[④] 1928 年 9 月 15 日，国民政府公布《县组织法》。其中对省级与县级政府的行政关系在第二条中进行了规定："县设县政府，在省政府指挥监督之下处理全县行政与监督地方自治事务；县政府在不抵触中央与省法令之范围内，得发布县令并制定县单行规则"。在 1929 年 6 月 5 日和 1930 年 7 月 7 日国民政府对《县组织法》先后进行了两次修正，进一步明确县行政的权限范围，"大凡一县之内未明白规定属于中央政府及省政府管辖之其他事权，皆为县政府之事权范围"。

在各次《县组织法》中明确规定"县政府设县长 1 人，由省政府任用之"，县长职责是"综理县政与监督所属职员"，县长的任期在修订中有所变动，在 1930 年规定为三年，连任条件是"成绩优良"。在选拔县长方面

---

① 傅荣校：《南京国民政府前期（1928—1937 年）行政机制与行政能力研究》，博士学位论文，浙江大学，第 90 页。

② 施养成：《中国省行政制度》，商务印书馆 1947 年版，第 504 页。

③ 《新县政研究》，汗血月刊社编辑 1936 年版。

④ 魏光奇：《官治与自治——20 世纪上半期的中国县制》，商务印书馆 2004 年版，第 147 页。

规定"无性别之限制,唯非年在 30 岁以上不得任用,县长之资格可由考试之途径取得,亦可由学历与经历之途径取得。"

从 1928 年至 1932 年末,这期间属于分设阶段(见图 2－3)。宁夏县政府根据相关指标划分县等,再根据事务繁简按县等次设置一科或多科,并设公安局、财政局、建设局、教育局等,成为县政府最主要的四局。同时规定必要时呈请省政府批准,可缩局为科,也可以增设如卫生局、土地局、社会局、粮食管理局等。此时,虽然各局在表面上是县政府的下级单位,但是局长却主要由主管的省级各厅直接指派,往往造成县长无法真正行使行政及监督的权力,各局之间相互牵制,行政效率低,人员冗余情况很普遍。

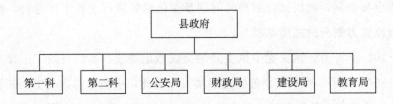

图 2－3　县政府第一阶段基本组织结构（1928—1932 年）

资料来源:魏光奇:《官治与自治——20 世纪上半期的中国县制》。

四　县级以下行政组织的细化

南京国民政府时期,地方自治成为社会各界的共识。一方面,蒋介石声称继承总理遗志,推行地方自治,以增强政权的法理性;另一方面,又自认面临着"安内""攘外"的严峻形势,深感有强化对基层控制的必要。为此,南京国民政府制定了名目繁多的相关法律法规,《县组织法》对于在县以下的区和乡镇实行地方自治以及行使相关行政权力有明确规定。此外,1929 年 9 月和 10 月,国民政府又先后公布了《镇自治施行法》和《区自治施行法》,对此做出进一步的制度设计。在组织系统上,把村里以乡镇代之,形成以下系统:县—区—乡镇—闾—邻。相关法令成为民国时期各省县级以下行政机构进行权力分配及机构组建的法律基础,它主要包括区、乡镇、闾邻自治等主要内容。

第一，区制度。"各县按户口及地方情形分划为若干区"，区是自治单位，可以在不抵触中央和省、县法令规则的前提下，制定自治公约；区民具有对于区公约和自治事项的创制和复决权，还具有对于区长的选举权和罢免权。区自治事项包括户口调查及人事登记、土地调查、道路桥梁公园等公共设施维护、工程的修筑修理、教育文化、保卫、国民体育、卫生、水利、森林培植和保护、农工商业改良和保护、粮食储备及调节、垦牧渔猎保护与取缔、合作社组织及指导、风俗改良、育幼养老济贫救灾等设备、公共营业、区自治公约制定、财政收支及公款管理、预算决算编造、县政府委办和其他依法巡办等项。

在法令中对区自治组织和运作机制也进行了规定：区设区公所，办理或委托乡镇办理各自治事项。区公所设区长一人，管理全区自治事务，其具体职责是：向区民大会书面报告"任期内之经过"，向区民大会提出上年度财政决算和次年度财政预算；对于区民中有违反现行法令、违法区自治公约及其他决议和触犯刑法确有证据者，得分别轻重缓急报告区务会议或呈请县政府处理，对于区调解委员会不能调解事项，应呈报县政府并函报有关司法机关。区长由区民选举产生，在实行民选之前由民政厅就训练考试合格人员中委任。区公所设助理员，辅助区长办理区务，可以分股办事；助理员由区公所延请县长委任。区设监察委员会，负责监察区财政和"向区民纠举区长违法失职等事"，其具体职责是：可以随时调查区公所账目及款产事项；区公所时政收支及事务执行不当时，可以随时呈请县政府纠正，纠举区长违法失职时，可以自行召集区民大会。区监察委员会由区民选举产生，由5—7人组成。

第二，乡镇制度。乡镇的划分，百户以上村庄为乡，不满百户者得联合他村编为一乡；百户以上街市为镇，不满百户者编入乡。"但因地方习惯或受地势限制及有其他特殊情形之地方，虽不满百户，亦得为乡、镇。乡、镇均不得超过千户。"乡镇各以其原有区域冠以原有地名或新近地名（在1928年初次颁布的《县组织法》中县以下自治单位称为村、里）。乡镇为自治单位，可以在不抵触中央和省、县法令规则的前提下，制定自治公约；乡民、镇民可以直接行使"四权"，即对于乡镇公约和自治事项的创制和复决权，对于乡镇长的选举权和罢免权。

第三，闾、邻制度。乡、镇居民以 25 户为闾，5 户为邻，因地势或其他情形而户数不足时，也可以依县政府之划定为闾、邻。闾设闾长一人，邻设邻长一人，分别掌管闾、邻自治事务，其具体职责是办理法令范围内一切自治事务和县政府、区公所及乡、镇公所交办事务。闾、邻长由本闾、邻居民会选举产生及改选、罢免。闾、邻在必要时可经闾、邻会议决定筹集所需经费。

然而闾邻制效果并不理想，1927 年南京国民政府提出保甲制度。在保甲制度中规定：县以下行政区域以户为单位编组，设户长；十户为甲，设甲长；十甲为保，设保长。各保就该管区域内原有乡镇界址编定，或并合数乡镇为一保，但不得分割本乡镇一部编入他乡镇之保。大乡镇得编组为若干保，设保长联合办公处，由保长互推一人为主任。户长基本由家长充任，保甲长名义上由保甲内各户长、甲长公推，但县长查明不能"胜任"，或认为有更换必要时，得令原公推人另行改推。户长须一律签名加盟于保甲规约，并联合甲内户长共具联保连坐切结，声明如有"为匪通匪纵匪"情事，联保各户，实行连坐。保甲长受区保长指挥监督，负责维持保甲内安宁秩序。联保主任受区长指挥监督，负责维持各保安宁秩序的总责，但各保应办事务仍由各该保长负责[①]。

1931 年进攻红军的国民党"剿匪总司令部"认为，"剿共"不力的原因之一是当地民众不支持。为去此"弊端"，司令部所属党务委员会内专门设立了地方自卫处，研究并草拟保甲制度和保甲法规，同年 6 月首先在江西省的 43 个县试行；1932 年 8 月司令部正式颁布了《豫鄂皖三省"剿匪总司令部"施行保甲训令》及《"剿匪区"各县编查保甲户口条例》，保甲制度在"剿匪区"正式建立。此时宁夏由于建省之初，组织和机构不成熟，虽然相

---

① 西北研究社编辑：《保甲制度研究》，1941 年版，第 32 页。

关制度并未实行，但相关制度的制定为后期的实施提供了法律基础。

第二节　抗战前合署办公的推行

一　中央与地方均权条件不成熟

1933 年后，在诸多法律框架下，国民党中央政府希望通过各种手段加强对地方的控制，然而在执行过程中却不如意。主要表现在以下方面：

首先，在中央与地方行政权力的划分过程中无法明确分辨所处理的事务究竟是属于"全国一致之性质"还是属于"因地制宜之性质"，也就造成在实施过程中的混乱。"均权的'均'有多么大？是否在权责内的事务，地方政府可以独断独行，中央政府不能干涉？或者地方政府一切事务，无论权内权外，中央政府都有指示监督之权呢？"[①] 南京国民政府虽经多次对中央与地方行政权力的区分进行补充规定，但行政权力的具体范围一直无法确定。1934 年 12 月国民党四届五中全会提出《划分中央与地方权责之纲要》一案，通过关于中央与地方权责划分纲要之决议，内容包括官吏之保荐与任命、官吏之任期与保障、地方行政与经济设施、中央与地方财政划分、国防及地方兵警之区别以及法制的规定六个方面。1935 年行政院又颁布《划分中央与地方权责纲要原则之训令》[②]，对于六项方面做了详细说明。虽然原则制定了很多，但都存在行政运作上的不确定性和模糊性。中央与宁夏地方权责的划分仍然混乱，宁夏省政府在执行过程中很多都只能流于形式，无法达到真正的行政目的。同时，由于权力和责任划分不清，宁夏省政府一方面与中央积极争夺在税收、土地、交通、公用事业和公安等方面的权力，一方面又在重大问题上极力推卸责任。

其次，中央和地方均缺乏对宪法的足够认识，缺乏政治上的训练，均权的条件不成熟。正如胡适所说："程度幼稚的民族，人民固然需要训练，

---

① 邱祖铭：《划分中央与地方权责之研究》，《行政效率》1935 年第 2 卷第 5 期。

② 傅荣校：《南京国民政府前期——1928—1937 年——行政机制与行政能力研究》，博士学位论文，浙江大学，2004 年，第 58 页。

而政府也需要训练","人民需要的训练是宪法之下的公民生活。政府与党部诸公需要的训练是法治之下的政治生活。'先知先觉'的政府诸公必须自己先用宪法来训练自己,裁制自己,然后可以希望训练国民走上共和的大路"[1]。也就是说在军政、训政和宪政的三个步骤中,训政是实现宪政的基础,也就是通过立法形式实现均权思想的基础。然而在整个国民政府统治时期,政府"口口声声说'训政',而自己所行所为皆不足为训,小民虽愚,岂易欺哉?"[2]

宪法只是流于形式,无论中央还是宁夏省政府都没有在法律框架下进行权责分配。中央在责任上要求宁夏省政府管理党政军的日常行政事务,负责统辖宁夏回族社会的底层力量,保障宁夏地方行政秩序的稳定,并要求以地方势力的身份与中央政府保持统一的关系。但同时中央对于权力的把持和暗中操控,以及对地方势力千方百计地干涉,招致地方政府的抵触。其中最明显的一个方面就是,宁夏地区党政军职务的任命权统一由国民政府执掌,而宁夏省政府并无权限。除此以外,国民政府还暗中对宁夏地方行政职权进行干预和控制,极大地影响宁夏地方行政制度的正常发展。国民政府除了想方设法将中央势力渗透进宁夏统辖范围之外,还在宁夏地方行政系统中运用以派制派的方法将几支不同派系的势力混合在一起,再利用派系之争,乘机掠取地方行政职权。从而使各种政治势力统一于所谓的"一个领袖"和"一个主义",以达到控制全局的目的。国民政府曾一度利用马鸿逵和马鸿宾之间暗藏的矛盾,使二者在职权上相互竞争,在责任上相互牵制,试图用政治、经济和军事的手段对宁夏行政系统进行直接控制。

最后,在国民政府时期,宁夏地方军事集团逐渐掌控了省级地方大权,在政治、经济、军事、文化乃至外交等方面以"因地制宜"为由自行决策。民国时期不但没有按照均权思想预先设计的那样,顺理成章地将中央与地方的积极性共同调动起来,相反,中央与地方常常处于相互抗衡的

---

① 胡适:《我们什么时候才可有宪法?——对于建国大纲的疑问》,原载于《新月》1929年第2卷第4号;收录于欧阳哲生《胡适文集》第5集,北京大学出版社1998年版,第539页。
② 同上书,第538页。

状态。宁夏省政府经常运用各种行政手段，强化地方武装力量，结合地方实力派以及地方宗教人士，形成较强的地方自治意识，对中央的势力阳奉阴违，极度排斥。

南京国民政府想通过官员任命权的掌控实行对宁夏省政府的渗透和控制策略，但一直遭到抵制，很难插手，许多由中央直接任命到宁夏的地方官员最终都被迫离开。马鸿逵出任宁夏省政府主席时，中央派遣教育、财政两厅长，分别是军统分子葛武棨和孔祥熙系人物梁敬锌。马鸿逵对葛、梁二人多方刁难排斥，直至使此二人自行离宁。① 除此之外，国民党在宁夏的军统机构、财政部在宁夏的缉私处都遭到地方行政系统的严厉打击，宁夏省政府利用行政手段将其瓦解，并使其最终撤出宁夏。蒋介石曾经对马鸿逵表示不满：“你总是指责中央，……得罪了不少部会，……政治首重人和，讲求协调、合作，……你这种作风，应该仔细检讨改正。”② 从中也可以看出宁夏省政府与国民政府之间存在的不满情绪。除此之外，在调遣军队、开发实业、征订国税、发展地方文化事业和宗教势力等许多方面，南京国民政府均很难直接控制宁夏省政府。

二　省政府合署办公

(一) 省政府机构变动

1933 年，省政府再次改组，国民政府任命马鸿逵为省政府委员会主席（同时兼任十五军总司令和国民党宁夏省党部主任），省政府委员会委员有八名，即罗震、梁敬锌、葛武棨、余鼎铭、马福寿、海涛、达理扎雅、马继德。在委员中兼有职位的有民政厅长罗震、财政厅长梁敬锌、建设厅长余鼎铭、教育厅长葛武棨，同时，任命冯延铸为秘书长，全部于同年 2 月 1 日宣誓就职。③ 此外，根据事务的繁简，又在各厅设置二科或三

---

① 师纶：《西北马家军阀史》，甘肃人民出版社 2006 年版，第 106 页。
② 马鸿逵：《马少云回忆录》，文艺书屋 1984 年版，第 223 页。
③ 马鸿逵：《十年来宁夏省政述要》，民国宁夏省政府秘书处编，第一册，总类篇，1942 年版，第 9 页。

科，酌情设置秘书、科长、科员、办事员、书记若干人，由各主管人员进行遴选和任用，办理各项事务（见图2-4）。此外因事务需要设立了垦殖总局，任叶森为总办；任马福寿委员兼任全省警备司令；任魏鸿发为省道管理处长，兼任市政筹备处长。

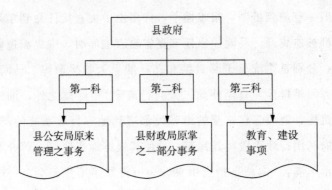

图2-4 县政府第二阶段基本组织结构（1933—1939年）

资料来源：魏光奇：《官治与自治——20世纪上半期的中国县制》。

1934年春，孙殿英率部向西北推进。当时，青海军阀马步青、马步芳，宁夏军阀马鸿宾、马鸿逵都不愿孙殿英染指西北，他们联合起来，在宁夏发起了"孙马大战"。由于战争原因，1934年3月，审核处成立，任赵文府为处长，专门管理稽核报销之责。宁夏省政府将警备司令部改为全省保安处，任马全良为处长。

1935年3月宁夏省禁烟委员会成立。5月，奉中央补助本省卫生经费，成立卫生实验处，以魁文山任处长兼省立医院院长，办理全省卫生行政及医疗工作。但禁烟委员会和卫生实验处至1937年左右才正式运作。

1936年宁夏省道管理处撤销，改设宁夏省汽车管理局，隶属于省府建设厅，由宁发警察总局督察长王兰任局长。4月，宁夏省奉命成立国民军军事训练处。6月，省政府实行合署办公，将民政、财政、教育、建设四厅以及审核处均迁入省政府内。同时，按照合署办公章程，将审核处改为会计处，以金钟秀任处长。省道管理处、市政筹备处均裁撤，归并到建设厅。

从 1933 年至 1936 年，省级行政机构经过整饬，具有一定规模。宁夏省政府除了四厅一处（即民政厅、财政厅、建设厅、教育厅和秘书处）外，还逐年根据事务需要设置了其他各类省级行政机构及附属机构（见表 2 - 3）。①

表 2 - 3　民国宁夏省其他各类省级行政机构及附属机构设置（1933—1936 年）

年度	各年度所包含的原来已设置的主要行政机构名称	各年度新增设的行政机构名称	各年度有变动的行政机构名称
1933 年	宁夏省党部特派员办事处、宁夏省警备司令部、垦殖局、省会公安局、宁夏高等法院、省立图书馆	省道管理处、烟亩罚款处	
	省立第一苗圃园、第一师范学校、省立第一中学校、省立女子中学校、省立中卫初级中学校、省立民众学校、市政筹备处、电话局、榷运局、烟亩罚款处		
1934 年	宁夏省党部特派员办事处、垦殖局、省道管理处、保安处、省会公安局、宁夏高等法院、省立图书馆、省立第一苗圃园、第一师范学校、省立第一中学校、省立女子中学校、省立中卫初级中学校、省立民众学校、市政筹备处	省府审核处、省立第一农事试验场、宁夏工业试验场	警备司令部改为全省保安处
1935 年	宁夏省党部、省府审核处、垦殖总局、省道管理处、保安处、省会公安局、驻京办事处、驻平办事处、驻甘办事处、宁夏高等法院、省立图书馆、省立师范学校、省立女子中学校、省立第一中学校、市政筹备处、苗圃国货陈列所	救济院、蚕桑实验所、宁夏榷运局、榷运局缉私巡队	第一师范学校改称省立师范学校，省立第一苗圃园改为苗圃国货陈列所
1936 年	宁夏省党务指导委员会、省府会计处、垦殖总局、保安处、省会公安局、救济院、驻京办事处、驻平办事处、驻甘办事处、宁夏高等法院、省立图书馆、蚕桑实验所、宁夏师范学校、农事试验场国货陈列馆苗圃、国民军军事训练处、省立女子中学校、第一中学校	省府卫士队、省立工业职业学校、汽车管理局	审核处改为会计处，省道管理处、市政筹备处均裁撤归并到建设厅，宁夏榷运局，榷运局缉私巡队等被撤销，省立师范学校改称宁夏师范学校

注：各年度起止时间为从该年度 7 月 1 日起至下年度 6 月底为止。
资料来源：马鸿逵：《十年来宁夏省政述要》，民国宁夏省政府秘书处编，1942 年版。师纶：《西北马家军阀史》，甘肃人民出版社 2007 年版，第 124 页。

----

① 马鸿逵：《十年来宁夏省政述要》，民国宁夏省政府秘书处编，第八册，粮政篇，1942 年版。

（二）推行合署办公制度

20世纪30年代由南京国民政府发起新政，采取了省政府合署办公的改革方案，并将省政府委员合议制逐渐以省长制代替之。1934年7月，国民政府南昌行营颁布了《省政府合署办公办法大纲》，规范了各省政府实行合署办公的具体办法，从法制层面予以确认。大纲共十四条，明确了实施省政府合署办公的目的，即"力谋地方政务之推进、保持省府意志之统一及增进一般行政之效率"，同时希望以合署办公来促进政府机构的改革。《大纲》还明确规定了先在湖北、河南、安徽、江西、福建等省份实施。1934年广西、河南、安徽、江西、福建省逐渐开始实行合署办公，各省在形式上都基本相同，有些省份在细节处理上稍有差异①。1936年10月24日，行政院又公布了《省政府合署办公暂行规程》，共十五条，强调了合署办公的目的是"力谋地方行政效率之增进及缩减行政经费、以扩充县行政经费。"②后来行政院还通过公布《省政府合署办公后诉愿管辖程序办法》规定和解释了省政府合署办公后的司法管辖程序。

宁夏省政府秉承中央指令在1936年开始推行"合署办公"，当时的理由是"使各厅、处、局合成为整体机构，彼此易于联络，……使各部门精神集中，意志统一，"同时，"政务之推行，自可便利灵活。"③

此时，马鸿逵借助其较为坚实的政治势力、军事势力和宗教势力，以推行中央指示的名义，为自己独揽军事和政治大权创造了有利条件，开始了对宁夏地方行政职权的全面掌控。马鸿逵借此机会建起规模宏大、房舍宽敞的总办公厅一所，下令将秘书处、民政厅、财政厅、教育厅、建设厅、地政局、会计处、保安处、农林处、社会处、卫生处以及十五路军总司令部各大处等诸多机关，一律并入省政府公署实行"合署办公"。

---

① 张景瑞：《各省合署办公之实施及其成效》，一萍《省政府合署办公之经过及江西办理之情形》，载《汗血月刊》1937年第9卷第1期。

② 国民党政府政治制度档案史料选编：《中国第二历史档案馆》（下），安徽教育出版社1994年版，第365页。

③ 马鸿逵：《十年来宁夏省政述要》，民国宁夏省政府秘书处编，第一册，总类篇，1942年版，第25页。

　　这样一来，在宁夏地方行政制度中，旧的问题尚未解决，而新的问题又凸显出来。第一，省政府主席办公时完全以特权地位的姿态出现，之前作为省政府委员之一的平等谦和的姿态不复存在。合署办公后，马鸿逵随意更改办公地点，办公人员每天都要四处打听他的行踪，带着提前准备好的文件追踪过去。办公人员一般都要先毕恭毕敬地屏息站立，直到马鸿逵上座，才开始办公。办公时先由秘书长呈上重要电文，然后再依次进入请示问安。据曾任建设厅长的马如龙口述：马的办公桌旁，只设置独座，任何人只许立对。如有重要事项呈报，则先行鞠躬，后送文件于案首，再侧立陈述。[①] 第二，省政府主席的工作无人监督，对日常行政事务的处理往往过于草率。一般情况下，马鸿逵对案文往往匆匆判行之后即在文件上照例签"阅"，如果所送签文件与钱、账无关，多数批示"照办"二字，既不细看也不会去仔细倾听，很少去详细了解。如果与钱、账相关，才会有所重视，例如，财政厅厅长带着账簿进入办公大厅，则定会详加问询。此外，对秘书长也会比较客气。至若党、团及建、教、地政等厅、局，则须看喜怒，听风声[②]。第三，在行政事务的决策中往往独断、武断，缺乏必要的调查、咨询、了解以及理性判断。在《西北马家军阀史》中曾提道："马鸿逵的一切大事，断自一人，且单凭其喜怒好恶决定。他的高级幕僚，如军队参谋长、八处处长、省府秘书长、厅局长，都只能看其脸色行事，不敢自作主张。即使已有成规成例，也难作数，多以马之口谕、手令为准"。[③] 第四，行政长官之子有权代办行政事务，带有明显的家族统治的意味。1947 年以后，时局动荡，马鸿逵也常常外出，无法办公，此时军政职务竟然交由其次子马敦静代行。"主席"一职似乎成了马家的职位，马鸿逵不在时，马敦静就公然出入省政府办公厅，执笔乱批公文，而各负责人则站立案旁，俯首听命，一如对马鸿逵之状[④]。有时马敦静待在密室，

---

　　① 参见宁夏回族自治区政协文史资料研究委员会编《宁夏三马》，中国文史出版社 1988 年版，第 182 页。

　　② 同上。

　　③ 师纶：《西北马家军阀史》，甘肃人民出版社 2007 年版，第 111 页。

　　④ 同上书，第 112 页。

有警卫把守,如有需要签发的文件,则由秘书长负责收集并转送至其贴身
人员并等候大门之外。

事实上,所谓"合署办公"制度在宁夏推行后为省政府主席扩大其行
政权限提供了有利条件,在省一级行政层次中无人可以对其进行实质性的
监督和控制。行政权力没有有效约束,必然扩张强化,并凌驾于地方司法
和立法权力之上。

三 县等划分和权力机构设置

(一)县等划分

各朝代均实行县等制度,简而言之,就是将所有县依据一定指标和原
则划分为不同等级,从而在长官品级待遇、任用方式、机构设置和经费数
额等方面互有差异。[①] 1928 年 9 月 15 日,国民政府公布了《县组织法》,
其中规定省政府依所属各县区域之大小、事务之繁简、户口与财赋之多
寡,将各县依次分为一、二、三等,咨由内政部呈行政院转请国民政府核
准公布。1929 年 12 月国民政府又公布《各省厘定县等办法》,详细规定
了划分县等的办法:

> "各省应就本省情形按各县面积、人口、财政三项假定分数。其
> 面积以若干方里为一分,人口以若干口为一分,财赋以本县之财源及
> 赋税收入若干元为一分,将各分数平均计算定其等次""冲繁之地.
> 风号难治,或边要之区关系防务者,得认为特别情形,于平均分数外
> 酌予提等。"[②]

宁夏省对于县等的划分方法,是由全国统一规定后,在地方遵照执行
的一种方法。因为县是亲民单位,是直接管理户口、征收赋税的政府组

[①] 魏光奇:《官治与自治——20 世纪上半期的中国县制》,商务印书馆 2004 年版,第 172 页。
[②] 中国第二历史档案馆:《国民党政府政治制度档案史料选编》,安徽教育出版社 1994 年版,第 524 页。

织。户口的多寡、税收的高低，直接关系到中央财政收入，县等厘定过程中所确定的分等标准，主要是"人口、财赋之多寡，土地面积之大小"。在1935年按各县"人口，财赋之多寡，土地面积之大小"进行县等厘定，厘定结果是：宁夏、宁朔、平罗三县为一等县；金积、灵武、中卫和中宁四县为二等县；预旺、磴口、盐池三县为三等县。

（二）县行政机构及人员设置

建省之初，宁夏各县政府一直没有按照规定进行编制。到1933年宁夏省政府开始进行改革，将县政府编制及经费预算重新进行核准，确定具体数字，然后按照规定发放俸给。[①] 经过整顿，组织中的规章制度，渐渐臻于正规，县政府组织内部人员比以往充实一些。宁夏省各县政府的组织，在1935年以前，设置县长1人，秘书1人，公安局长1人，以下分三科，各科置科长1人，科员及书记各若干，并设政务警察队。后来到1935年，添设县助理员1人，教育局长1人，科员、巡官、书记各有若干人。

宁夏省各县政府组织，虽然按上级颁发的章程早已经改组就绪，但是在办事手续上一直未变，仍然沿用清朝的旧制，没有脱离原来的形态，所以办事手续繁多杂乱，工作效率低下。为了改变此状，宁夏省政府开始采取一些整改措施，试图能够提高县政效率。于是"参照中央法规，制定县政府办事规则，通令各县政府遵照执行"，这样在很大程度上革除了旧式衙门习气，使办事手续变得简单而容易操作。到1936年，因按本省实际情形，组织略有变更，又进行了一次修正。

四 县级以下保甲制度的推行

1934年经国民党中央政治会议议决，并由行政院通令全国推行；1935年，南京、北平两大城市也先后推行保甲制度。根据《南京市城区编组保甲暂行办法草案》之规定，南京城区"二十五户为一甲，二十五甲

---

① 马鸿逵：《十年来宁夏省政述要》，民国宁夏省政府秘书处编，第二册，民政篇，1942年版，第9页。

为一保""编余之户十五户以上另立一甲，十四户以下并入邻近之甲；十五甲以上另立一保，十四甲以下并入邻近之保"。1938 年 2 月行政院颁布《较为时期各地举办联保连坐注意要点》规定："在城市地方邻居多不相识，或其地客民多于土著，良莠难分，彼此不愿联保者，得令就保内各觅五户签具联保，或由县市内殷实商号或富户，或现任公务员二人，出具保证书，其责任与联保同。"1939 年 9 月 19 日国民政府公布《县各级组织纲要》，增设副保长一人，规定保长兼任保国民学校校长和壮丁队队长，进一步强化保甲制度。1949 年南京国民政府在大陆的统治结束时保甲制度才被废止①。

1933 年之后为推行地方自治，宁夏省政府初步加以整顿，规定县以下，设置区、乡、闾各级组织。每县划分四个区，每区根据地域面积的大小以及人口数目的多寡，划分若干乡，在乡中又划分若干闾。在区中设置区长，区长以下设置区助理员、会计、书记各 1 人，另设区丁若干名，在乡中设乡长，在闾中设闾长。此时形成三级县以下地方基层行政组织权力机构（见图 2-5）。

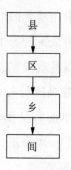

图 2-5　宁夏省县以下地方行政组织（1933 年）

1934 年经国民党中央政治会议议决，由行政院通令全国推行保甲制度。宁夏省保甲制度的实施主要分三个阶段：第一阶段，1934 年 11 月，在 15 路军教导团和行政干部中选拔一批人员，培训保甲工作。这些人受

---

① 杨华：《南京国民政府时期保甲制度研究综述》，《乐山师范学院学报》2010 年第 9 期。

训 6 个月，学习了山西保甲制经验和宋代王安石的保甲法。第二个阶段，由参加培训的人员组成户口调查队完成户政工作，并开始在平罗县试点保甲组织。第三个阶段，将保甲制度推广于全省。

宁夏省在推行保甲制度中主要分为两大部分的工作，即户政工作和建立保甲组织。

第一部分：户政工作，它是保甲制度实施的基础。

从 1935 年之后，每年对户政工作都要进行控制和督促，并且每年都举行抽查或复查，在各县局中加强办理户口异动。户政的工作内容包括户口清查与编组、户口的复查与整顿、设置户籍人员、制造户籍表层、整顿门牌、查报户口异动登记、绘制户籍图、制作并发放迁移证、制发国民身份证及居留证和通行证等。[①] 宁夏省自 1935 年清查户口以后，并未设置专门人员，所有户政责任，全部委任诸多保甲长之手。造册填表是户政工作中较为主要的一项，造册填表后还要予以登记保存。在 1935 年清查户口时，各县户口调查表，由编查队编制，户政规模初步建立。[②] 除了造册填表和登记保存外，为加强对人口数的严密监视，宁夏省在县以下行政区域中实行户籍门牌制度。1935 年春季编查户口时，由编查队填发门牌，挨户粘贴。至 1935 年冬天，各户都已在外观、尺寸、材质上实现了门牌的整齐划一。

第二部分：建立保甲组织。

根据户口分布，10 户编为 1 甲，10 甲为 1 保。有的保不满或超过 10 甲，2 保以上 5 保以下为联保。甲有甲长，保有保长。保长职责较多，凡征兵、征粮、田赋及保内纠纷均由其负责。1935 年 2 月，保甲编组人员经过休整，遵照国民党中央指令，分赴全省各地，开始清查户口并编组保甲。由于考虑到区乡镇组织不够健全，所以在区署增加了 1 名助理员，专门管理区级的日常事务，然后将各区区丁，也同时增加为 10—20 名。又

---

① 马鸿逵：《十年来宁夏省政述要》，民国宁夏省政府秘书处编，第二册，民政篇，1942 年版，第 135 页。

② 同上书，第 135—140 页。

因为乡镇长要负责征收粮赋，不能兼办户政，所以专门设立联保办公室，负责户政工作。在联保以下设置保，保中设置保长，保以下设置甲，甲中设置甲长，专门办理户籍事宜，由此自治基础得以确立。但抗战时期，由于时局动荡，又反复进行调整。同时为了强制推行保甲，每县派出一支军队，每区派一连来监督协助工作，又以各县警察局长为户口调查组长。1935年7月，全省保甲编组初步完成，以后又逐年补充。

第三节　抗战期间新县制和地方自治的推行

一　中央利用政党组织对地方的牵制

抗战期间中央与宁夏省政府之间仍然存在权力之争，此时的权力之争从单纯的中央与地方政府的扩展到宁夏地方政府与国民党政党组织之间的冲突。马鸿逵于1938年将财政厅长一职由原来蒋介石安插人员换为马鸿逵的亲信，即由军需处长赵文府兼任，直到1948年死去。1935年，由蒋介石安排的教育厅长葛武棨由于多方排挤被迫离职，中央政府即派童耀华代之。童耀华曾于1930年任马鸿逵十一军党务特派员，在"清党"反共中为马出力不少。但童是CC（"中央俱乐部"英文Central Club，后发展为中国国民党中央执行委员会调查统计局，简称"中统"）分子，与南京政府往来密切，1938年被马借故软禁一段时间，后病死宁夏。在童被押期间，马以其亲信叶森代理教育厅长。国民党中央组织部部长陈立夫接着派来时子周继任，1939年代以骆美奂，1942年易为王星舟，以后又派来杨德翘，均为CC特务，无不受马排挤。

二　省级行政权力机构在战争影响下的调整

此阶段宁夏省政府根据事务需要设置了其他各类省级行政机构及附属机构（见表2-4）。[1]

---

① 马鸿逵：《十年来宁夏省政述要》，民国宁夏省政府秘书处编，第八册，粮政篇，1942年版。

表 2 - 4　民国宁夏省其他各类省级行政机构及附属机构设置（1937—1942 年）

年度	各年度所包含的原来已设置的主要行政机构名称	各年度新增设的行政机构名称	各年度有变动的行政机构名称
1937 年	宁夏省党部、省府审核处、省府侍卫队、救济院、驻京办事处、驻平办事处、驻甘办事处、省会警察局、保安处、地政局、宁夏高等法院、省立图书馆、宁夏师范学校、宁夏中学校、宁夏女子中学校、省立职业传习所、农事试验场苗圃国货陈列所、蚕桑实验所、汽车管理局	禁烟委员会、新宁通讯社、戏剧改良委员会、卫生实验处、书画研究社	垦殖总局改为地政局，省府土队改称省府侍卫队，省会公安局改称省会警察局，第一中学校改为宁夏中学校，省立工业职业学校改称省立职业传习所，农事试验场国货陈列馆苗圃改称农事试验场苗圃国货陈列所
1938 年	宁夏省党部、省府审核处、地政局、省府侍卫队、驻京办事处、驻平办事处、驻甘办事处、救济院、宁夏高等法院、省立图书馆、宁夏中学校、宁夏女子中学校、书画研究社、戏剧委员会、保安处、保安司令部、省会警察局、工程处	教育保管委员会、军警联合督察处、义教委员会、省立第一农场	戏剧改良委员会改为戏剧委员会
1939 年	宁夏省党部、省府审核处、宁夏省农林总场、保安处、地政局、省府侍卫队、救济院、驻京办事处、驻平办事处、驻甘办事处、省立图书馆、宁夏联合中学、宁夏女子职业学校、戏剧委员会、书画研究社、宁夏高等法院	回教教育辅导委员会、省政府调查统计室、中山公园农场	省立第一农场改为宁夏省农林总场，宁夏中学校和宁夏师范学校改为宁夏联合中学，宁夏女子中学改为宁夏女子职业学校
1940 年	宁夏省党部、省府审核处、稽查处、地政局、省府侍卫队、保安处、宁夏女子师范学校、省立图书馆、驻京办事处、驻平办事处、驻甘办事处	全省稽查委员会、农业改进所、省林务局、省税务处	督察处改为稽查处，宁夏女子职业学校改为宁夏女子师范学校
1941 年	宁夏省党部、省府审核处、稽查处、地政局、省府侍卫队、保安处、宁夏女子师范学校、省立图书馆、驻京办事处、驻平办事处、驻甘办事处、全省稽查委员会、农业改进所、省林务局、省税务局	省农林局、粮政局	省林务局撤销，省农业改进所扩建为省农林局，省粮食管理局改为粮政局

续表

年度	各年度所包含的原来已设置的主要行政机构名称	各年度新增设的行政机构名称	各年度有变动的行政机构名称
1942年	宁夏省党部、省府审核处、稽查处、地政局、省府侍卫队、保安处、宁夏女子师范学校、省立图书馆、驻京办事处、驻平办事处、驻甘办事处、农林处、粮政局	军政部军粮局宁夏办事处、水利局、社会处	农林局改为农林处,省税务局撤销,河运管理局撤销

注:1937年起止时间为从该年度7月1日起至各年下年度6月底为止。1938年度起止时间为从1938年7月1日起至1938年底。1939—1942年度起止时间为从该年度1月1日起至12月底。

资料来源:马鸿逵:《十年来宁夏省政述要》,民国宁夏省政府秘书处编,1942年版。师纶:《西北马家军阀史》,甘肃人民出版社2007年版,第124页。

1937年7月7日卢沟桥事变爆发,全国动员,长期抗战。宁夏省遵照军事委员会颁发各省保安制度改进办法大纲,调整全省保安机构。省政府主席兼保安司令,其保安处处长,改由马敦静充任,隶属保安司令部内,办理全省保安事宜。宁夏省禁烟委员会改组,马鸿逵自兼主任,对全省烟土实行强制统购。将垦殖总局改为地政局,任马继德兼任局长,杨作荣为副局长。

1938年间抗战进入战略相持阶段,宁夏省行政机关均迁出城郊办公。组设军警联合督察处,任苏连元兼处长,用以稽查汉奸和间谍等活动,任命马如龙、陈福刚兼副处长。

1939年宁夏省成立回教教育辅导委员会,各方现任教长和开学阿訇均为会员。省城设总会,县设分会,区设支会。6月,成立宁夏省政府调查统计室,主任为吴宝荣。8月1日,宁夏省城创办宁夏省农林总场一处,首任场长为屠义源。

1940年,加紧稽查工作,扩大组织,成立全省稽查委员会,另以军政司法各界主管人员兼任委员,推定常务委员会负责,主持一切事务。原有督察处,改为稽查处,任陈福刚为处长,受稽查委员会之指挥,办理稽查事务。2月,宁夏省农业改进所成立,直隶省府建设厅,所长为罗时宁。6月宁夏省林务局成立,隶属于省政府建设厅,局长为吕福和。9月,宁夏省税务处成立,财政厅长赵文府兼任处长,苏锡龄任副处长。10月,国民政府卫生署直属单位下放到宁夏省卫生实验处，处长为桑沛恩。[1]

1941年1月间，调整省政机构，以应战时需要，向中央政府请准增加省政府委员3人。2月，宁夏省林务局撤销，业务由省农业改进所接办。6月，宁夏省农业改进所扩建为省农林局，隶属于建设厅，局长由厅长李翰园兼任．罗时宁任副局长。[2] 10月8日，将省粮食管理局改为粮政局，以财政厅长赵文府兼任局长、金钟秀兼任副局长。[3]

1942年1月，国民政府改派王星舟接替骆美免任宁夏省教育厅长。国民党军政部军粮局宁夏办事处成立，主任为陈文元、副主任为白建民。[4] 为加紧生产建设，增设农林和水利两局。10月，将农林局改为农林处，直隶于省政府。马鸿逵自兼处长，马廷秀、罗时宁任副处长。同时，划全省为五大造林督导区，每区以驻军长官兼任督导专员。同年7月底增设社会处，由宁夏回教分会书记长负责筹备。办理社会福利、社会救济、社会运动及社会组训等工作。同年，宁夏省税务局撤销，改由财政厅设第四科代行税局职能。宁夏省河运管理局撤销，所有船筏均由驻军调配使用。

1942年后，宁夏受到战争影响，省行政机构处于不稳定状态，省政府组织成员也频繁更换。省政府的各类机构基本都开始以军事战争为主，而大部分行政职能也无法正常实现。1944年4月11日，宁夏省政府第一百三十次委员会议决定，将宁夏省城改为银川市，着手进行建市的筹备工作。[5]

1945年1月9日宁夏省市政筹备处公布《银川市筹备处组织规程》，宣布正式改宁夏省城为银川市。3月15日宁夏全省被划分为三个行政督察专员区：永宁、宁朔、金积、灵武四县为第一区；中卫、中宁、盐池、同心四县为第二区；平罗、惠农、蹬口、陶乐四县为第三区。年底前各区成立了督

---

① 宁夏贺兰报社编辑部：《贺兰报》1941年1月5日。

② 吴忠礼：《宁夏近代历史纪年》，宁夏人民出版社1983年版，第260—278页。

③ 马鸿逵：《十年来宁夏省政述要》，民国宁夏省政府秘书处编，第八册，粮政篇，1942年版，第9页。

④ 宁夏贺兰报社编辑部：《贺兰报》1942年7月1日。

⑤ 《星火燎原》第四集，人民出版社1961年版。

察专员公署。[①] 宁夏省划银南九县（局）为银南专区，专署设于中宁县城宁安堡；划银北五县为银北专区，专署设于惠农县城黄渠桥。

三 新县制和地方自治下的权力结构调整

（一）重新划分县等

1941 年 4 月，行政区划发生变化，将宁夏、宁朔、平罗三县重新进行划分，划分为贺兰、宁朔、平罗、惠农和永宁五县，又呈准将陶乐设置局，提升为县。于是在这个基础上依照新县制的规定，将各县改订为六等，其中贺兰、永宁为一等县；宁朔、中卫为二等县；中宁、灵武为三等县；金积、平罗、惠农为四等县；同心、磴口为五等县；盐池、陶乐为六等县[②]。通过县的分等，可以帮助宁夏省及各县了解县情，以采取合适的治理对策。同时，可以依此来决定该县的规模、长官的级别、僚属的配备以及行政经费的分配。

（二）整顿各县行政机关

1937 年，将县以下行政机关加以扩充与整顿，区公所增加会计、书记各 1 人，区丁增加到 20 名，区以下又设乡公所，设乡长 1 人，乡丁 4 名，后来因为宁夏省清查户口，所以开始编组保甲，于是在区以下附设联保、保和保甲等组织。

1938 年，"抗战军兴，政务日繁，鉴于县政府人员之不敷分配，附加设第四科，科员加至 12 人，书记由 6 人加至 8 人"[③]。在整个的编制扩充过程中，使县政府组织逐渐健全，在推行政务方面基本都能胜任。

1939 年宁夏总计有夏、朔、平、金、灵、卫、宁、盐、预、磴 10 个县，每县设置 4 个区，每区设有区长 1 名，设区助理 1 人，设区丁 8 至 10 名不等，后来因为政务越来越繁杂所以原有人数明显不足。

---

① 《宁夏省政府工作报告》，宁夏省政府秘书处编印。
② 马鸿逵：《十年来宁夏省政述要》，民国宁夏省政府秘书处编，第二册，民政篇，1942 年版，第 4 页。
③ 同上书，第 8 页。

1940 年 3 月奉令实施新县制于是将联保撤销，后改为区、乡、保、甲四级制。同时根据新的情况和之前颁布的办事规则，将各种手续进一步改进。

1941 年春，因为区是介于县和乡之间的行政组织，中间环节过多，反而显得效率不高，所以往往使政令的传达显得迟滞。因为这个原因，"到同年 2 月，于是将各县的区署一律裁撤，以免虚糜"[①]。同时，为了提高行政效率，又对县行政机关组织及职务等方面进行了改进。

民国时期，刚开始在县下分设公安局、教育局，后来开始实行合署办公和裁局改科，直到实行新县制。到 1941 年，县政府的机构和人员设置有了很大的变化。各县以县等为标准进行相应设置，等次相同的则设置相同。另外，从一等县到六等县的设置均不相同。最为明显的区别是各等次中各科的权能设置上，一等、二等县中是两种权能合并为一科，即民政与军事合并、地政与财政合并、水利与建设合并、教育与社会合并。三等、四等县中出现三种职能合并的情况，即民政军事社会合并、水利建设教育合并。五等、六等县中出现四种权能合并的情况，即民政军事地政财政合并、水利建设教育社会合并。所以，从一等县到六等县，机构越来越趋于简单的设置状态（见表 2 - 5）。

（三）施行新县制

此阶段，国民政府开始大规模施行新县制。1939 年 9 月 19 日国民政府行政院颁布实行《县各级组织纲要》，[②] 并准许各省省政府根据其内容和精神，自行订立《〈县各级组织纲要〉实施方案》，呈行政院核定施行，并限以三年为期，至 1942 年底一律实行，因特殊情形暂时不能实行者，由省政府呈请行政院核定延期实行。施行新县制的主要目的是实现孙中山提出的县自治，同时适应战时形势，结束当时县乡体制的混乱状态，对县乡保甲和自治的争论进行统一决策。

---

① 马鸿逵：《十年来宁夏省政述要》，民国宁夏省政府秘书处编，第二册，民政篇，1942 年版，第 8 页。
② 《县各级组织纲要》，《国民政府公报》渝字第 189 号，被当时的人称为"新县制"。

表 2-5   民国宁夏省各县人口、县等次及机构人员设置（1941 年）[1]

县别	县等	机构人员设置
贺兰县 永宁县	一等	县长 1 人，秘书 1 人，民政军事科科长及一、二、三等科员各 1 人，地政财政科科长及一、二、三等科员各 1 人，水利建设科科长及一、三等科员各 1 人，教育社会科科长及一、三等科员各 1 人，教育社会科督学 1 人，县政府一等书记 1 人，县政府二、三等书记各 4 人，勤务员 6 人
宁朔县 中卫县	二等	县长 1 人，秘书 1 人，民政军事科科长及一、二、三等科员各 1 人，地政财政科科长及一、二、三等科员各 1 人，水利建设科科长及一、三等科员各 1 人，教育社会科科长及一、三等科员各 1 人，教育社会科督学 1 人，县政府一等书记 1 人，县政府二等书记 3 人，县政府三等书记 4 人，勤务员 5 人
灵武县 中宁县	三等	县长 1 人，秘书 1 人，民政军事社会科科长及一、二、三等科员各 1 人，地政财政科科长及一、二、三等科员各 1 人，水利建设教育科科长及一、二等科员各 1 人，水利建设教育科三等科员 2 人，水利建设教育科督学 1 人，县政府一等书记 1 人，县政府二等书记 2 人，县政府三等书记 3 人，勤务员 4 人
惠农县 金积县 平罗县	四等	县长 1 人，秘书 1 人，民政军事社会科科长及一、二、三等科员各 1 人，地政财政科科长及一、二、三等科员各 1 人，水利建设教育科科长及一、二、三等科员各 1 人，水利建设教育科督学 1 人，县政府一等书记 1 人，县政府二等书记 2 人，县政府三等书记 2 人，勤务员 4 人
同心县 磴口县	五等	县长 1 人，秘书 1 人，民政军事地政财政科科长及一、二、三等科员各 1 人，水利建设教育社会科科长及一、二等科员各 1 人，县政府一等书记 1 人，县政府二等书记 1 人，县政府三等书记 2 人，勤务员 3 人
盐池县 陶乐县	六等	县长 1 人，秘书 1 人，民政军事地政财政科科长及二、三等科员各 1 人，水利建设教育社会科科长及二、三等科员各 1 人，县政府二、三等书记各 1 人，勤务员 3 人

资料来源：马鸿逵：《十年来宁夏省政述要》，民国宁夏省政府秘书处编，第二册，民政篇，1942 年版。

事实上，在 1939 年"新县制"颁行之前，只有个别省份在各县设立了参议会。在县参议会制度不能立刻付诸实行的情况下，国民政府设计了一种县行政会议制度，它含有代行县参议会职能的立意。[2] 县行政会议由县长、秘书、科长、县设各局局长酌情采用合议制之精神所组成，以审议县之预算与决算、县公债、县公产处分、县公共事业之经营管理等事项

---

① 马鸿逵：《十年来宁夏省政述要》，民国宁夏省政府秘书处编，第二册，民政篇，1942 年版，第 20 页。

② 傅荣校：《南京国民政府前期——1928—1937 年——行政机制与行政能力研究》，博士学位论文，浙江大学，第 95 页。

为其职权。县行政会议则为县政府以外的建议机关，由县长、县政府各
科科长、各局局长、各区区长、各地方团体首领和由县长聘约之地方公
正士绅组成（省民政厅亦可派员参加，列为会员），每年开会两次，以
促进县政为目的。① 经过逐年的发展，至 1947 年，全国大多数省份中的
大多数县都已经成立了县参议会或临时参议会，一省中县市参议会最多
达到 142 个。②

此外，按照新县制的规定：县长一方面在省政府指挥下执行中央及省
委办事务，另一方面在省政府监督下办理全县自治事项。同时，规定县政
府设民政、财政、教育、建设、军事、地政、社会各科，置秘书、科长、
指导员、督学、警佐、科员、技士、技佐、事务员、巡官等正式行政人
员。上述组织和人员的具体编制、执掌、官等、俸给等，由各省自行决
定。此后，各省对于本省的县政府机构设置相应做出了规定，依各县事务
繁简、县等高低而定其科、室数目，其最简者只设两到三科，其最多者设
有民政、财政、教育、建设、军事、地政、社会、粮政等 8 科，设秘书、
会计、统计、警佐、合作指导、督导、军法等 7 室。

（四）施行"地方自治"

"新县制"的最终目的是实现孙中山提出的地方自治。孙中山主张
"中华民国之建设，必当以人民为基础；而欲以人民为基础，必当先行分
县自治。……自治团体愈多而愈佳，自治区愈小而愈妙。……莫若以城、
镇、乡为下级自治团体。……而以县为自治单位，举县议会，选县长，凡
关乎地方之事，赋与全权"③。国民党一大通过的纲领性文件《建国大纲》
第二条指出"一完全自治县，其国民有直接选举官员之权，有直接罢免官
员之权，有直接创制法律之权，有直接复决法律之权。"第十条明确指出
"县为自治单位，省立于中央与县之间，以收联络之效。④"

① 魏光奇：《官治与自治——20 世纪上半期的中国县制》，商务印书馆 2004 年版，第 170 页。
② 《中华年鉴》上册，第 567—569 页。
③ 孙中山：《孙中山集外集》，郝盛潮编，上海人民出版社 1990 年版，第 36—37 页。
④ 孙中山：《孙中山全集》第 9 卷，中华书局 1985 年版，第 127 页。

　　宁夏省的"新县制"与宁夏省地方自治紧密相连。完成县各级组织的设置，其程序须首先经过一个"自上而下"的过程，然后再经过一个"自下而上"的过程。其中"自上而下"的过程是指：首先通过上级行政渠道由省到县，再由县到区、乡、镇，层层下降，进行划分县等工作，同时也可以负责区、乡镇自治区域的工作。接着任命县长、区长，同时组织区公所；由区长召集乡、镇民大会，选举正副乡、镇长及乡镇监察委员，组织乡、镇公所；再由乡镇长划定闾、邻，分别召集阎、邻居民会议选举闾长、邻长。在《县组织法》施行一年后，由省政府派专员考察各县、区、乡、镇组织情形，汇报内政部，其合格者实行区长民选。由此而开始"自下而上"完成县自治的过程：首先召集区民大会，选举区长、区监察委员和县参议员，组织县参议会；再次判断该县是否符合"民选县长"的条件，即户口、土地、警卫、道路及人民使用"四权"等方面均符合自治条件，从而可以完成县自治。①

　　抗战期间宁夏省政府自治组织中存在人员不足的问题，于是针对地方自治组织中存在的诸多弊端决心加以整顿。在整顿过程中，先组织成立县以下区乡保甲自治机构，调整和健全自治基础。然后训练和考核自治人员，筹集自治经费，按照《县组织法》规定的各项制度，实行县行政及县级以下行政。

　　同时，遵照相关法令，宁夏省、市、县参议会也逐年办理。经过统计，到1947年，不但宁夏省参议会已经设立，而且宁夏县市参议会达到14个，成立乡镇（区）民代表会的县市数为14个，乡镇区（民）代表会数目为144个，成立保民大会的县市数为14个，已成立的保民大会数为1057个。② 虽然这些参议会因为各种原因发挥的作用很小，但是从统计的数字上看，与同期其他省相比处于中等水平，有一部分省在1947年甚至还未设立省参议会。

---

① 魏光奇：《官治与自治——20世纪上半期的中国县制》，商务印书馆2004年版，第170页。
② 《中华年鉴》上册，第567—569页。

四 县级以下行政权力划分

(一) 整顿地方自治组织

抗战期间宁夏省政府对地方自治组织进行整顿。1940 年 3 月，国民党政府下令实行"新县制"，即取消联保及闾，改为区、乡、保、甲四级制（见图 2-6）。1941 年 2 月，因为考虑到"区"是介于"县"和"乡"之间的行政组织，中间环节过多，政令传达过于迟滞。自此，再次将区署裁撤，县以下为联保甲组织。区被裁撤后，在县级以下设置直隶乡，同时将乡公所进行扩充，以提高"推行自治的力量"为理由增加行政机构。而在乡以下设置保，保以下设置甲。乡镇公所设乡长 1 人，设民政、财政、建设、文化四股，各股设主任 1 人，干事 1 人，并设乡丁 2—4 名，保设办公室，设保长 1 人，民政干事 1 人，保丁 1 名，甲设甲长 1 人，由此构成层级形式的地方自治机构①。庞大的自治机构耗费了大量的资金，宁夏省政府不断以"筹建自治组织"为名充实自治经费。截至 1940 年 2 月，全省自治经费，每月为 39289 元，全年为 471460 元②，这无疑加重了民众的缴税负担。同时由于多次变动，也增加了社会的不稳定因素，降低了办事效率，浪费了人力和物力资源。

区长是推行县政的辅佐人员，在区自治中权力最高，所以对区长一职的人选较为重视，甚至"较之县长尤为切近"③。宁夏省对于乡镇长的人选，也比较审慎。在马鸿逵看来，当时所谓"地方公正人士"，对于此乡镇长职位都"避之唯恐不远"，以致"所有乡镇闾长，大半是地方上之土劣所把持，假公济私，鱼肉乡民"，所以"为力矫此种恶风"，宁夏省政府于 1937 年下令各县改选乡镇闾长。但在选举的过程中，并非以民意为主，而是遵循两点，即"有品格、在地方声望著者"和"有身家、家道殷实

---

① 马鸿逵：《十年来宁夏省政述要》，民国宁夏省政府秘书处编，第二册，民政篇，1942 年版，第 74 页。

② 同上书，第 76 页。

③ 同上书，第 75 页。

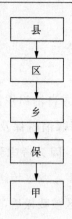

图 2 - 6 宁夏省县以下地方行政组织（1940 年）

资料来源：以上两图资料均来源于《十年来宁夏省政述要》第二册，民政篇。

者"即强令出任乡镇闾长，担任自治工作。对于"经历年甄拔遴选"的人员，马鸿逵评价"乡镇长多半人各称其职，地方自治的推行，比以前顺利很多"。所谓推行自治更为顺利，实质上对底层百姓剥削更为严重，而并非能更好地表达民意。

在保、甲长的选择上，宁夏省政府规定：保、甲长任职资格为"年龄在二十五岁以上四十五岁以下且对于户口兵役办理有成绩者；家道殷实子弟多者"以及"信仰纯正而无不正当思想及行为者"，同时还明确规定地主上层为依靠对象。

在宁夏省县级行政组织中的改组以及县以下行政组织的改组过程中，往往缺少合适的行政官员，使地方行政权力的实施和地方自治的行政效果受到很大影响。地方上较有能力的青年学生和所谓"地方公正士绅"几乎没有一个自愿出任自治工作，致使有些官员必须依靠"硬性指派"来产生。例如，宁夏盐池县"乡、保、甲长虽说要通过民主选举产生，但实际多半是硬性指派"。[①] 为此，宁夏省政府主席马鸿逵曾多次号召"各县士绅及优秀青年"能够热心从事于地方事业。由于军事和经济方面原因，行政

---

① 中国人民政治协商会议宁夏盐池县委员会文史资料委员会编：《盐池文史资料》第五辑，第24页。

组织改组和地方自治的效果并不理想，对此马鸿逵曾总结说"本身地方自治事业，推行数年，成效甚微"①。

（二）整顿保甲组织

第一部分：户政工作。从1937年开始设置联保主任、联保书记。到1938年实行新县政，区设置民政指导员，乡村设置民政员，保设置民政干事，负责办理户口异动。同时，在原来户政规模的基础上继续造册填表、登记保存。各县按月统计制定多种统计表格，包括普通住户统计表、寺庙外人统计表、公共处所户口供给表、户口异动统计表等，呈民政厅补查。到1940年编查户口以后，复制定迁入、徙出、出生、死亡四种清册发往县里，连同以上各表按月填注上报呈览。经过核实无误后，分别填注民政厅所存户口调查表内，以此保持户口的永久确实性。到1940年编查户口时又规定户存户口表由编查队填妥，发给户民存查，每户人口，年龄职业等均详细填入表内，各级户籍人员随时抽查户口时，即使不携带户口调查表，也能一目了然，使办理户政的人员对住户的监视和控制更为便利。②

此外，户籍门牌制度也有所发展。在办理人事登记时，为求能随时保证门牌与异动人口相符，1937年又增加了一项特别规定：异动少的，门牌一年更换一次；异动多的，三四个月更换一次。以后，对门牌挂放位置和门牌数字也都有严格规定，同时还标注于户籍图中。为保证户口数目的真实，保障保甲组织的完整，宁夏省政府下令举办户口异动查报制度。在军事、经济的压迫下，民众反抗很多。各县在查报时即使遵照指令举办，调查到的数据也往往不够确切，漏报误报现象很普遍，各家各户的门牌也并未像希望的那样能够"随时更正"。在1940年为进一步加强户口异动控制，专门在《修正宁夏省户籍及人事登记暂行办法》的第12条至第23条中进行了相关规定③。在规定中要求将异动情形随时呈报民政厅，同时命

---

① 马鸿逵：《十年来宁夏省政述要》，民国宁夏省政府秘书处编，第二册，民政篇，1942年版，第79页。

② 同上书，第135—140页。

③ 同上书，第138页。

令民政厅各县保甲指导员，在县各乡、保轮回督促与指导。

经过户政统计，省政府对宁夏省的男女年龄分级、职业分类、宗教信仰都了如指掌，对壮丁、学龄儿童、缠足妇女、烟民等统计数字也一再核准，为其进行施行保甲制度提供了最基本的数据资料。

第二部分：整顿保甲组织。1940年，宁夏全省编为5099甲，447保，分属于43区，形成甲、保、乡、区四级地方基层组织制度（见图2-6）。各级配置了相应的专职人员，全省每年开支保甲费达40万。保甲组织成为宁夏省行政职权"管、教、养、卫"的起点，"管"包括清查户口，查验枪支，实行连坐切结等；"教"包括办理保学，训练壮丁等；"养"包括创立所谓合作社，测量土地等；"卫"包括设立地方团练，实行巡查、警戒等[①]。由此，宁夏各级行政权力的巩固与否"亦以保甲推行情形为断"[②]。

第四节　抗战后的权力变化

1946年7月依照国民政府命令成立党、政、军联席汇报秘书处，其实是由宁夏省政府秘书处改造而成。11月马鸿逵响应国民党反革命内战活动，在全省加强战时反共措施。银川市成立防共办公室，由马廷秀、周百镕、程福刚等负责领导。省、县各机关、团体、学校部相应成立防共小组。

1949年9月20日宁夏省政府方面高级官员马廷秀（秘书长兼代民政厅长）、扈天魁（财政厅长）、李振国（建设厅长）、张济美（教育厅长）、杨作荣（地政局长）、石生琦（会计处长）、马如龙（兼警保处长）、金钟秀（兼田粮处长）、马延俊（银川市长）等通电起义。[③] 10月24日，宁夏省委发出通知，经中共中央批准，潘自力兼任省政府主席，李景林、马鸿宾、孙殿才分别任第一、二、三副主席。12月23日，宁夏省人民政府正

---

①　陈高佣：《抗战与保甲运动》，写于1937年，载于《抗战文献类编之社会卷》，2009年版，第56页。

②　马鸿逵：《十年来宁夏省政述要》，民国宁夏省政府秘书处编，第二册，民政篇，1942年版，第84页。

③　马守礼：《宁夏和谈琐记》，《甘肃文史资料选辑》第十六辑，甘肃人民出版社1981年版。

式成立，全体委员宣誓就职。^①

第五节　小结

行政权力是维系官僚制度所必要的，它不仅意味着对内部行政人员的控制，也是政治统治的必要手段。民国宁夏省地方行政权力结构在各阶段权责不对等，变迁总的趋势是权力从中央向省政府集中，同时从基层政区向上级政区集中，在省级政区形成行政权力的核心，并随着地方行政权力的膨胀，掌控的力度也越来越大。

借助历史制度主义的渐进转型理论可以对民国宁夏地方行政权力结构的变迁进行更为细致的动力学分析。行政权力结构按照四个阶段以不同的特征表现实现变迁过程的演进。

第一阶段，权力结构的替换阶段。宁夏省政府刚刚成立，宁夏省的行政权力结构替换了以往以基层行政组织出现的结构。从中央到省，从省到地方基层行政组织，都在"地方分权"的探讨下，将地方自治的思想在行政制度中张张扬扬地表现出来，呈现出新制度的气象。同时，在政治环境的变迁中，权力结构中的政治、军事因素处于不稳定状态，此时的行政权力对于新生的集团力量是极具诱惑性的。潜在的制度变革力量在军阀集团对于权力的追求过程中逐渐显化。

第二阶段，权力结构的层叠和转移阶段。国民党中央政府希望通过在法律框架下的各种手段加强对地方的控制，然而官僚机构本身所具有碎片化特征以及行政规则中的模糊性导致了手段与目的的脱节以及形式主义和过程主义的弊端。同时，宁夏地方军事集团在非正式规则的作用下，建立了牢固的利益共同体，取得行政机构中的优势和特权。此时边缘性权力结构逐渐成长为侵吞旧权力结构的核心，凭借所谓"因地制宜"的合法性，渐渐改变了原有的权力结构。同时，通过新的权力结构设置新的行政目

---

① 陈育宁：《宁夏通史（近现代卷）》，宁夏人民出版社 1993 年版。

标，以确定新的特权阶层追求目标的正当性。"合署办公的改革方案""以省长制代替省政府委员合议制""县等划分"和"保甲制度推行"都是在协商性互动的过程中实现了权力结构的转移，通过这些转移了的权力结构实现所谓"本省人治本省"的合理性，使其既可体现地方集团意志，又为省民所接受，从而实现集团权力的扩张。

第三阶段，权力结构的转变阶段。抗战期间宁夏省政府与国民党政党组织之间矛盾凸显，尤其是对"中统"分子格外排斥。受到抗战的影响，加强了保安力量，同时为保证军事供给，对县级行政组织的控制力加强，包括"重新划分县等""整顿各县行政机关""施行新县制"以及整顿地方自治组织。由于外部战争因素，促使权力结构的目标直接转变为集团利益的谋取，不受制约的权力导致了权力的滥用和权力的腐败，权力的膨胀性凸显。同时政府规模扩大，机构林立，行政人员的人数增加，行政权力通过"区、乡、保、甲四级制的设置""户口清查"和"保甲编组"等制度，几乎渗透到社会生活的所有领域，使底层社会的反抗情绪不断增长。

第四阶段，权力结构的解体阶段。随着抗日战争的结束，解放战争的开始，权力结构开始进入困境，形成自我消耗的恶性循环。马鸿逵于1946年响应国民党反革命内战活动，其权力结构的运作危害了新的外部因素的成长，越来越表现出不适应性和不合理性，渐渐走向衰败。

第三章

宁夏省职官选任与管理制度(1929—1949 年)

第一节　建省初期省政府主席的变动

一　南京国民政府公务员选任制度

南京国民政府于 1928 年在形式上统一了全国，当时有很多对于官场情形的负面描述，例如"吾国政治恶劣，强半由于官吏贪墨，贿赂公行"。国民政府认识到，吏治的澄清需要建立较有章法的人事管理行政制度。国民政府针对用人方面的种种弊端厉行改革，公布了《各省县举士办法草案》，其中列出对年龄三十岁以上人士的进行甄选的四个基本条件：（1）历办地方事业卓著成绩，久孚众望者；（2）国内外大学毕业有社会政治学识者；（3）曾在教育机关服务三年以上著有成绩者；（4）学识丰富曾有著述者。

自从 1928 年南京国民政府实行五院制以后，有关人事行政方面的任务主要由考试院、监察院、司法院负责。首先，考试院是负责文官考试的最高机关，同时下设考选委员会和铨叙部。考选委员会掌理考选"各级公职候选人及任命人员"与"专门职业和技术人员"，铨叙部掌理全国文官、法官、外交官及其他公务员与考试录取人员的铨叙事项。1942 年以后，在原来基础上分区设置铨叙部，掌理各省级公务员的考核与铨叙，并依相关条件对各行政机关的人事处、人事室进行指挥监督。其中文官考试分高等和普通两种，届时设典试委员会与试务处分别办理试政与试务，考试完毕即予解散。其次，监察院负责弹劾。凡监察委员发觉公务人员有违法失职行为即可单独提出弹劾，用书面形式把被弹劾人的违法事实详细开列，并附以证据。监察院接到弹劾案后，即另派监察委员三人进行审查，审查后如多数认为应予惩戒，即将被弹劾人移付惩戒。最后，司法院的职责包括公务员惩戒和行政审判事项，下设有公务员惩戒委员会和行政法院。其中公务员惩戒委员会，分为中央和地方两类，除法律另有规定外，掌管一切公务员的惩戒事宜。其中，中央公务员惩戒委员会负责荐任以上公务员及中央各官署的委任职公务员的惩戒事宜；地方公务员惩戒委员会分设于各省及直隶行政院的市、掌管各省市委任职公务员的惩戒事宜。两者在行使惩戒职权时，对荐任以上的高级公务员行使惩戒时要经监察院成立弹劾案后方可，对委任职公务员实行惩戒，或经成立弹劾案，或由其主管长官交付惩戒即可。行政法院是全国行政诉讼的审判机关，下设两至三庭，评事若干。①

1931 年"九一八事变"后，南京国民政府有目的地组织行政官员和学者从事行政改革和提高行政效率的研究，在行政技术的问题上注重学习其他国家的经验。而美英等国的政治技术化、行政专门化以及智囊团政治都对国民政府产生很大影响②，对于政务官员和事务官员两类行政人员都有相应的措施和方案。

国民党对于政务官员主要实行专家政治的主张，采取了一定行动。1932 年 11 月 29 日国民政府成立了国防设计委员会，将专家论政用制度化、组织化的形式确定下来。国防设计委员会有委员 39 人，隶属于国民

---

① 秦闻一、常培军、高卫星：《中国行政制度史纲》，中州古籍出版社 1991 年版，第 259 页。
② 傅荣校：《南京国民政府前期行政机制与行政能力研究》，博士学位论文，浙江大学，第 105 页。

政府参谋本部，蒋介石自任委员长。会下设军事、国际、经济及财政、原料及制造、运输交通、人口土地粮食、文化等不同小组，这些一律作为蒋介石的高级咨询机构。其中包括社会名流知识分子、金融实业界的首脑、国民党籍的政务人士以及与国民党有联系的技术专家等[①]。该会主要从事潜力和资源现状以及国防现状的调查。

对于职官任用，国民政府也进行了相关的法律规定。1929 年 10 月国民政府公布《公务员任用条例》，其中按照对官员的简任、荐任及委任三项任用方法分别进行规定：

首先，对于简任官规定须有下列资格之一：（1）现任或曾任简任官，经甄别审查合格者；（2）现任或曾任最高级荐任官 2 年以上，经甄别审查合格者；（3）有特殊勋劳于党国或致力国民革命 10 年以上者；（4）在学术上有特殊之著作或发明者。

其次，对于荐任官规定须有下列资格之一：（1）经高等考试及格者；（2）现任或曾任荐任官与现任或曾任最高级委任官 3 年以上者；（3）有勋劳于党国或致力国民革命 7 年以上者；（4）在教育部认可之国内外大学毕业且有专门研究者。

最后，对于委任官规定须有下列资格之一：（1）经普通考试及格者；（2）现任或曾任委任官，经甄别审查合格者；（3）致力国民革命 5 年以上者；（4）在国内外大学或高等专门学校毕业者。[②]

二　省政府主席的任命

宁夏省成立了宁夏省公务员审查委员会，并制定了相应的《宁夏省公务员审查委员会暂行条例》。此条例中一共包含二十三个条目，由省政府颁布后下令各机关单位遵照执行。

国民政府在 1927—1931 年，多次修改并公布《省政府组织法》，其中

---

① 吴兆洪：《我所知道的资源委员会》，载于《回忆国民党政府资源委员会》，中国文史出版社 1988 年版，第 51 页。

② 谢振民：《中国民立法史》，正中书局 1948 年版，第 572—573 页。

包含对省政府主席产生办法的变化。例如，在诸多《省政府组织法》及其修订版本中，1927 年 6 月 27 日公布的法令中规定"省政府主席由委员互选"；到宁夏建省前一年，1928 年 4 月 28 日公布的法令中规定"由国民政府就省政府委员中指定"；到 1931 年 3 月 21 日则规定"由国民政府就省政府委员中任命之，现任军职者"。

宁夏省政府组织从 1929 年建省开始到 1931 年间几经变动，其省级行政人员在任免过程中也频繁变动，而几年间省政府主席均由国民政府所指定，且均为军职人员，包括门致中、吉鸿昌、马鸿宾、马鸿逵，民国时期此职位直到 1933 年马鸿逵被任命后才稳定下来（见表 3－1）。

表 3－1　　　　宁夏省历任省政府主席一览表（1929—1949 年）

姓名	字	籍贯	生卒年份	任职起止时间	任期
门致中	靖原	吉林省汪清县	1889—1951	1929 年 1 月—1929 年 6 月	6 个月左右
吉鸿昌	世五	河南省扶沟县	1895—1934	1930 年 1 月—1931 年 1 月	6 个月左右
马鸿宾	子寅	甘肃省临夏县	1884—1960	第一次：1930 年 1 月—1931 年 1 月 第二次：1932 年 1 月—1932 年 12 月	2 年左右
马福寿	静庵	甘肃省临夏县	1866—1956	1931 年 1 月—1931 年 12 月 代理宁夏省政府主席	1 年左右
马鸿逵	少云	甘肃省临夏县	1892—1970	1933 年 1 月—1949 年 7 月	17 年左右

资料来源：马鸿逵：《十年来宁夏省政述要》，民国宁夏省政府秘书处，1942 年版。吴忠礼：《宁夏近代历史纪年》，宁夏人民出版社 1983 年版，第 146—327 页。《甘肃解放前五十年大事记》，1898—1949 年，《甘肃省文史资料选辑》第十辑，1981 年整理，第 260 页。

不同"主席"对宁夏省地方行政制度有不同影响。从籍贯上看门致中和吉鸿昌都不是本土官员，较掌难握本地情形，与其他省政府委员及下级行政人员也无地缘和血缘关系，易受排斥。如前所述[①]，门致中上任时既不注重对各级行政组织的整合，也不注重对民间宗教及社会力量的整合，甚至激化回汉矛盾，导致在极短时间就结束了在宁夏省政府的任职生涯。

与门致中不同，吉鸿昌很好地洞察了宁夏地方行政在民族问题上的特

① 见本书第二章有关"民国时期宁夏地方行政制度的军事政治环境"内容及本章相关论述。

殊性，对民间力量的整合极为用心，尤其对回汉关系从多方面加强沟通、弥合矛盾。虽然由于军事原因也很快被调离宁夏，但毕竟在短期被宁夏各界认可，已经有效控制了局面。

马鸿宾是本土回族官员，他遭遇的不是回族底层社会力量的排斥，而是与其实力相当的回族势力的排斥（包括其堂弟马鸿逵）和地方统治集团内部势力的排斥。遂几经周折，无法在地方高层行政机构内部立足。

马鸿逵则深谙官场文化，凭借形式上的合法性迅速取得实质上的控制，用行政手段整合机构内部集团势力，通过教育行政手段主动引导地方宗教社会力量的发展方向，并在后期的统治过程中，逐渐垄断权力资源，在其统治的 17 年间，其势力在地方上已无人能够撼动。

此外，建省之初，宁夏各县政府以及县以下行政组织一直没有按照规定进行编制，名额一直没有明确的数目，俸给也没有一定的标准，全都由县长根据自己意志随意增减，形同包办性质。当时情形，造成了"索贿受贿，营私舞弊，贪赃枉法"等腐败现象。

第二节　抗战前行政官员的国家认同意识凸显

一　省级政区公务员选任与管理

1933 年国民政府又公布并施行了《公务员任用法》及《公务员任用法施行条例》，并于 1935 年予以修正。在 1935 年 11 月还专门针对边远省份公布了《边远省份公务员任用资格条例》，其中对荐任职任用和委任职任用的规定更为灵活，条件亦有所降低。即荐任职任用条件包括："（1）凡在教育部认可之国内外专科以上学校毕业者；（2）于该条例施行以前在当地官署认可之与专科以上学校相当之学校毕业者；（3）曾任荐任职 2 年以上者；（4）曾任与荐任职相当之军用文官或公立中等以上学校校长 3 年以上者；（5）曾在各该省任委任职 5 年以上而成绩卓著并有公文书证明者。"对于委任职任用条件包括："（1）凡在教育部或教育厅认可之旧制中学或高级中学或其他相当学校毕业者；（2）曾在各该省任委任职 2 年以上者；（3）曾任各该省与委任职相当之军用文官或公立小学校长 3 年以上者；（4）曾充雇员 3 年以上者；（5）曾在各该省办理公益事项 5 年以上并著有成绩而有公文书证明者。"

宁夏省依据相关法令对行政职员的铨选和任免，也规定了四项办法，其中按照是否在合署办公之内进行了总体性的区分，并分别制定了不同的办法。

在四项办法中的前两项就是针对在合署办公之内的机关职员应遵循的，其中在第一条中明确指出"凡在合署办公之内的秘书处、民政、财政、教育、建设四厅，还有地政局、会计处、卫生处等机关，职员之任免，须先由主管长官胪列事由，签呈主席批示后，交秘书处办稿，以府令行之，其关系各厅处局者，仍送各主管长官会章并副署"。此处对于职员的任免只经过了主管长官和主席的胪列、批示和副署等即可生效。而对于新委任的职员，也有代理期的限定。在第二条中有明确规定："在新委职员，未经填表送审以前，依法应予叙明代理，代理期限三个月，俟检齐表件，送请审查合格后，再用正式委任状。"① 在三个月的期限中，需要对新任职员进行相关审查，并要书面填写相关表格，审查的相关事宜即由宁夏省公务员审查委员会按照条例进行。

如果是合署办公以外的厅府处局直辖或者是附属机关，按照规定，其职员的任免，则"仍由各该机关办理"。此类机关中主管长官具有对职员的任免权力，只在机关内即可办理。另外，对于"省政府所在地的机关"还有另外的规定："委任职以上职员，呈荐送审，一律由秘书处统一办理"②，这样就可以实现在形式上的统一部署。

宁夏省省级行政官员在被任命的过程中并不是完全按照规定进行实际的实施，而往往是不问人的品德和才能，只以"同自己感情的好坏、关系的亲疏"为标准，选拔跟自己关系亲密的人。这种从个人好恶和利益出

---

① 马鸿逵：《十年来宁夏省政述要》，民国宁夏省政府秘书处编，第一册，总类篇，1942 年版，第 54 页。

② 同上。

发，搞狭隘的小圈子的做法，其目的就是在行政机关中培植和巩固自己的势力（见表 3-2）。

表 3-2　　　　宁夏省历任行政长官一览表（1933—1936 年）

年度	主席	委员兼民政厅长	委员兼财政厅长	委员兼教育厅长	委员兼建设厅长	委员	秘书长
1933	马鸿逵（甘肃临夏）	罗震（河南南召）冯延铸	梁敬镎（福建闽侯）	葛武荣（浙江浦江）	余鼎铭（陕西关中）	马福寿（甘肃临夏）、海涛（甘肃皋兰）、马继德（甘肃临夏）、达理札雅（宁夏定远营）	冯延铸（察哈尔宣化）
1934	马鸿逵	冯延铸	梁敬镎马继德杨鸿寿（河北）	葛武荣	余鼎铭	马福寿、海涛、马继德、达理札雅	叶森（四川泸县）
1935	马鸿逵	冯延铸	杨鸿寿	葛武荣童耀华（江苏）	马如龙（甘肃临夏）	马福寿、海涛、马继德、达理札雅	叶森
1936	马鸿逵	冯延铸李翰园（甘肃临夏）	杨鸿寿	童耀华	马如龙	马福寿、海涛、马继德、达理札雅	叶森

注：表中加粗姓名表示此人籍贯属于西北地区。

资料来源：马鸿逵：《十年来宁夏省政述要》，民国宁夏省政府秘书处编，1942 年版。吴忠礼：《宁夏近代历史纪年》，宁夏人民出版社 1983 年版，第 146—327 页。《甘肃解放前五十年大事记》，1898—1949 年，《甘肃省文史资料选辑》第十辑，1981 年整理，第 260 页。

　　宁夏省政府组织在不同时期有许多调整，但在调整过程中组织人员籍贯比例变化不大，而且陕西、甘肃和宁夏三地官员人数占总数的平均比例达到 62.5%（见表 3-3）。

　　在西北三地区中，以甘肃籍为主，由此可以了解其行政组织内部隐含的马家军家族力量及军事力量。从家族力量来看，马继德为马鸿逵的堂兄，马福寿为马鸿逵的叔父，此二人在马鸿逵主政的大部分期间一直担任省政府委员。除此外，马鸿逵刚上任时，民政、财政、教育和建设四大厅厅长里没有甘肃省人，到后来从 1 人增加到 2 人。

　　从军事力量来看，马鸿逵本人即是以十五军总司令和国民党宁夏省党部主任的身份兼任省政府主席；1933 年被任命为民政厅长的罗震是从 1926

表 3-3　　　　　宁夏省历任行政长官籍贯分析（1933—1936 年）

年度	1933	1934	1935	1936
（籍贯）西北人数：非西北人数	6：4	6：4	6：4	7：3
陕西、甘肃、宁夏人数所占百分比	60％	60％	60％	70％

　　资料来源：马鸿逵：《十年来宁夏省政述要》，民国宁夏省政府秘书处编，1942 年版。吴忠礼：《宁夏近代历史纪年》，宁夏人民出版社 1983 年版，第 146—327 页。《甘肃解放前五十年大事记》，1898—1949 年，《甘肃省文史资料选辑》第十辑，1981 年整理，第 260 页。

年就随马鸿逵在军队当参谋长；而李翰园则在 1936 年以第十五路军参谋长的职位兼任民政厅长，军职人员兼任行政官员的情形由此可见一斑。军权与政权的结合必然造成权力的过分集中。

　　宁夏省的考绩和定等方法基本秉承南京国民政府的相关规定。对于公务员的工作成效，需要按照工作任务、工作操行等一些较为客观的标准进行衡量和确定，并以此作为决定公务员升降和奖惩的参考。由此，国民政府专门规定了相应的公务员考绩制度。1935 年 7 月南京国民政府对此前公布的《考绩法》进行完善，分别公布了《公务员考绩法》及《公务员考绩法施行细则》。其中对于考绩的相关程序和方法进行严格规定，要求凡经甄别审查合格、登记审查合格及依法任用之公务员，都要依照法律进行考绩。公务员的考绩分年考和总考两种：年考于每年末月举行，是指对在同一机关任同等官职的公务员一年内成绩的考核；总考于该公务员第三次年考后举行，是指对同官等职务的公务员在三年内成绩合并的考核。考绩环节有初核、复核以及最后复核三项，初核由该公务员所在机关的直接长官办理，复核由其再上级长官办理，最后复核由其主管长官办理。各机关为办理考绩事宜，得设考绩委员会，负责对该机关直接长官与再上级长官所拟评语和所定分数等加以汇总与核对准确，报由主管机关长官以作最后复核。

　　宁夏省对于公务员考绩，也依据考试院的规定进行。根据相应的考绩标准，即按公务员的本职工学识、操行给予打分，总分为 100 分，其中本职工作占 50％，学识占 25％，操行占 25％。根据考绩分数定出公务员等级，并给予相应奖惩。因为考绩分年考和总考，所以定等及奖惩方法也分别有相应规定。公务员年考成绩：（1）在 90—100 分之间者，定为特优，主管长官认为有升等必要时，得详叙理由，并送铨叙部核定，予以升等；（2）在 80—89 分之间者为一等，晋级；（3）在 70—79 分之间者为二等，记功；（4）在 60—69 分之间者为三等，不奖不惩；（5）在 50—59 分者为四等，记过；（6）在 40—49 分者为五等，降级或解职；（7）在 40 分以下者为六等，解职；总考成绩中年考成绩的定等方法基本相同，只是增加对于不满 40 分者也有等级规定，定为七等。其奖惩之法也与年考相同。在总考和年考中都规定满 60 分者为合格，但总分数在 60 分以上，而工作分数在 30 分以下，或学识操行分数有意不满 15 分者，仍以不合格论，应予记过。①

除此以外，宁夏省对于各项成绩和分数，规定了应注意的 7 款特殊情形，在此 7 款情形下，规定了特别核定的方法：（1）对于所任职务，成绩卓著者；（2）平日办事勤慎敏捷者；（3）对于本机关行政，有特殊贡献者；（4）才力短绌，身体衰弱，不能胜任者；（5）因循荒怠，废弛职务者；（6）经办事务，发生重大错误，或屡次发生错误者；（7）学识浅陋，行为不检者。

此外，还规定了依照考绩结果进行特别奖励的基本思想。"对于成绩优良者，年考考列一等，应晋级而无级可晋者，除原机关依法优予待遇外，余暂予一等登记，或予以相当之奖赏，发扬其服务精神。"② 而"对于能力毫无长进，工作毫无成绩者，予以惩戒，使知所警惕，其主旨在使满足一般公务人员服务之心理，鼓舞其专心服务，努力求进。"③

宁夏省的公务员惩戒制度也依据国民政府的各项规定，国民政府于 1933 年 6 月对此前公布的《公务员惩戒法》进行修正。在规定中包含五个惩戒等级：（1）免职：公务员除免现任职务外，至少得停止任用 1 年；

---

① 孔庆泰：《国民党政府政治制度史》，安徽教育出版社 1998 年版，第 258 页。
② 马鸿逵：《十年来宁夏省政述要》，民国宁夏省政府秘书处编，第一册，总类篇，1942 年版，第 55 页。
③ 同上。

（2）降级：降级依现任官级降 1 级或 2 级，并自改叙之日起两年内不得晋级，受降级处分而无级可降者，照俸级差额减月俸两年；（3）减俸：减俸依其最近三月俸减 10%—20%，减俸期在一个月以上、一年以内；（4）记过：自记过之日起，一年内不得晋级，一年内记过三次者，由该主管长官按减俸规定减其俸给；（5）申诫：申诫以书面或言词为之。在具体实施过程中宁夏省政府还专门另行制定了相关条令。

宁夏省对于各机关职员的更替，依照铨叙法规所定，办理相应登记。有总登记簿、分登记簿、公务员登记册三种登记方法：总登记簿由秘书处制备，将所有送经审查人员，一律分别予以登记，以便检查；分登记簿是以机关为单位进行登记；公务员登记册另立，以人为单位，所有审查合格者，各予专立一页，将其姓名、年龄、籍贯、学历、经历及任用情形，一一登记。通过登记制度，一方面可以明了公务员状况，另一方面可以据此进行翔实的统计，便于人事部门的日常管理工作。

宁夏省在俸给制度上遵循南京国民政府的公务员俸给制度。1933 年国民政府为完善文官俸给制度，广泛参考各国俸给制度的特点。经过对原有《文官官等条例》《文官俸给表》《文官俸给暂行条例》等的修正，制定了《暂行文官官等官俸表》。此制度主要结合日本书官俸给制度的优点，实行职务等级制，设置诸多级别，同时长官在一定程度上具有对下级俸给的决定权和支配权。1933 年 9 月 23 日，国民政府颁布了适用于一般公务员的《暂行文官官等官俸表》，依照前之所定，文官官等官俸分特任、简任、荐任和委任四等。其中特任无级别的区分，月俸均为800 元。简任有级别的区分，其中简任八级月俸 430 元，简任七级月俸460 元，简任六级月俸 490 元，简任五级月俸 520 元，简任四级月俸 560元，简任三级月俸 600 元，简任二级月俸 640 元，简任一级月俸 680 元。荐任有级别的区分，十二级月俸 180 元，十一级月俸 200 元，之后按级差20 元递增，直至荐任一级月俸 400 元。委任也有级别的区分，十六级月俸 55 元，按级差 5 元递增，直至委任九级月俸 90 元；之后再按级差 10元递增，直至委任四级月俸 140 元；之后再按级差 20 元递增，直至委任一级月俸 200 元。[①]

　　宁夏省的公务员俸给制度刚施行时在一定程度上保障了公务员的基本生活费用，有一定的合理成分。但是，随着整个社会物价的高涨，到了 20 世纪 30 年代中期，官吏的待遇越来越低，尤其是基层行政人员，生活几乎无法保障，成为整个宁夏省地方行政组织的系统性贪污腐败的重要原因之一。

二　县级政区职官选任与管理

　　1928 年颁布的《县组织法》规定县长由省政府任用。1929 年 6 月和 1930 年 7 月国民政府先后两次修订《县组织法》，其中均规定县长人选由各省民政厅长提出合格人员二名至三人，经省政府议决任用之。[②] 任用县长须由省政府检同履历书咨请内政部转送铨叙部审查，审查合格后，再由国民政府正式任命。[③] 1932 年 7 月再次修订并公布了《县长任用法》，同时行政院发布了《关于各省在修正县长任用法公布施行前所用县长清理办法》[④]。其中对于县长的资格甄别，以及能否实授或予以试署代理，有了明确的规定。然而当时各省均以“中央所定县长资格过高，难以实施”为由，纷纷请求变通办理。由于规定与事实的脱节，出现执行过程中的种种问题。内政部一再强调“慎选县长”，但各省县长大多都未能达到中央规定的法定资格。对于类似宁夏这样的“偏远省份”，人才自然更为缺乏。1932 年的第二次全国内政会议就曾提议举办全国合格县长总登记。1933 年 6 月在修订的《县长任用法》中对此作进一步确认，并附以县长资格审查表式。

　　由于资格过高，能够达到标准的县长人才在宁夏仍然极为缺乏。同时，县长任用更调频繁、实际任期较短，三年任满考核只能施之于少数

---

　　① 杨兵杰：《南京国民政府时期公务员工资制度思想评析》，《江苏社会科学》2003 年第 2 期。
　　② 中国第二历史档案馆馆藏中国银行档案，全宗号三九七，案卷号一三七。
　　③ 王奇生：《民国时期县长的群体构成与人事擅递（1927 至 1949 年）——以长江流域省份为中心》，《历史研究》1999 年第 2 期。
　　④ 中国第二历史档案馆馆藏国民政府行政院档案，全宗号二，案卷号三四四。

人。此外，所任命的县长年龄大部分在 30 到 40 岁之间，基本占县长总人数的 88%，剩余在 40 至 50 岁之间。在担任县长之前基本都有一定的行政经历，例如，1933 年宁夏县县长程福刚、1935 年宁朔县县长牟凤鸣均曾充任过军法处处长。①

1934 年 1 月，行政院公布《内政部登记法定合格县长办法》，令各省执行。要求对于志愿前往宁夏、甘肃、新疆、青梅、察哈尔、绥远等 6 省充任县长者实行登记，准备有成绩后将这一做法在全国推广。②《办法》规定，"依据《修正县长任用法》规定条件将法定合格县长分为试署合格与实授合格两种，在内政部登记，经审查合格后随时咨送宁夏等 6 省任用。这些省份在内政部咨送登记县长人数足敷任用时，即不得再任用其他人员"③。自 1934 年 2 月至 12 月底，共登记合格县长 327 人，呈报行政院考试院核准，将这些人员编印详细名册，通咨各省省政府存备选用。

《内政部登记法定合格县长办法》的执行，对宁夏省县长的构成情况有一定影响。在民国时期宁夏省各县县长虽然在人数上仍以甘肃籍和宁夏籍居多，但从地域范围看分布较广，除了无法判定的以外，共包括 10 余个省的职官。

宁夏省属于边远省份，在执行法令过程中并不严格，对人员任用和撤职等事务往往带有更大的主观性和随意性，有时甚至就是行政主管个人意志的体现。1935 年，以惩治贪污为名，时任宁夏省政府主席的马鸿逵将全省近一半数目的县长予以撤职，取而代之的是十五路总部的"八大处长"。④ 1936 年，马鸿逵以防治腐败为名，将全省县、科、区及公安、政警的长官，一律调军官充任，并在县设县佐以辅助县长。但军官与地方官本是一丘之貉，一到地方，照样搜刮民财，贪污成风。由宁夏省政府后来

---

① 马鸿逵：《十年来宁夏省政述要》，民国宁夏省政府秘书处编，第二册，民政篇，1942 年版，第 24—32 页。

② 魏光奇：《官治与自治——20 世纪上半期的中国县制》，商务印书馆 2004 年版，第 342 页。

③ 《内政年鉴》(B)，第 309—310 页，《国民政府公报》第 1336 号。

④ 师纶：《西北马家军阀史》，甘肃人民出版社 2006 年版，第 115 页。

任命的这些官员，存在大量侵吞县乡经费、滥报开支、贪赃受贿、截留正款等种种恶行，不但没有收敛，反而较原任尤甚。[①]

宁夏省政府依据当时法律，要求对各级公务人员，要勤加考核，律以严法。当时规定"如果遇到有贪污情事，轻则撤职、惩办，重则处以极刑"。除了法律规定以外，还规定每位新任县长，必须谨记由宁夏省政府特制的三条县长誓言：一是绝不贪赃枉法，营私舞弊，如有违犯，愿意受枪决处分；二是绝对遵照已经公布之法令规章办事，如有虚伪违抗之处，愿意受枪决处分；三是绝对慎重用人，如用人不当，考察不严，愿意受连坐处分。在这三条誓言上要自行签名盖章，然后将这些内容写于木匾之上，悬于县政府门首，以资警醒。[②] 虽然如此，当时宁夏省仍然有县长将从民间搜刮而来的钱粮截留中饱，宁夏省政府为了杜绝此种现象，制定了极端的惩治办法，而且在过程中毫不留情。1935 年省垦殖局总办王敏悟以侵吞清丈土地登记费而被枪决；1937 年宁夏、宁朔、平罗三县区中区、乡、科长，以及助理和政警队长 9 人以徇私舞弊而被枪决。[③]

宁夏省对于县佐治人员的考评也进行了相关规定。对于各县佐治人员来说，要负有辅佐县长推行县政的责任，所以也是身兼重任，其人选也至为重要。当时实行的是随时考核评选的办法，根据考核评选的成绩优劣进行人选的确定。在评定中制定两种办法，第一个办法是依照公务员考绩法的规定，按期实行考选，以定去留，目的是使贤能者能够有所奋进，使庸俗低劣者不能滥竽充数。第二个办法是依照规定由公务员互相检举。这种检举办法规定不论长官、属员，或者其他机关公务人员，一旦发现有违法渎职和营私舞弊的，就要马上检举出来。这样起到随时监督的作用，对公务人员的不轨行为有一定的约束力。这两种办法，从表面上看具有一定合理性，但细分析后，可以看出很难真正实行，第一种办法中对于公务员考

---

①　师纶：《西北马家军阀史》，甘肃人民出版社 2006 年版，第 116 页。

②　马鸿逵：《十年来宁夏省政述要》，民国宁夏省政府秘书处编，第二册，民政篇，1942 年版，第 37 页。

③　师纶：《西北马家军阀史》，甘肃人民出版社 2006 年版，第 116 页。

绩程序的规范性，对于考评结果的合理性，没有提出监督的机关和人员，很难保证收到实效。第二种办法更难做到，在当时环境下，官官相卫，专制专断，互相包庇的情形很多。

宁夏省政府在1933年开始对县行政人员的俸给制度进行改革，将原来模棱两可的县政府编制及经费预算重新进行核准，确定具体数字，然后按照规定，一一发放俸给，并严格禁止任意勒扣，禁止引用私人等，这些都是较严格的原则。[①] 经过此番整顿之后，使得县政在一段时间内得以刷新，同时使吏治在一定程度上得以澄清。

同时，县长更迭频繁，这也是贯穿20世纪20—30年代中国各省基层吏治的一大顽症。县长任期，半年以下者约为三分之一，半年至一年者约占三分之一。关于县长任期短暂、更动频繁的原因，王奇生先生总结了以下四点：第一，省厅长官掌握县长的任免更调大权，每借频繁的更调安插私人。而政治不安定，省厅长官新旧交替之际，更是县长大换班。第二，迫于土豪劣绅的压力。第三，因感觉"县长难为"而辞职的较多。第四，因"政风不佳"而被免职、撤职。其中，最主要的原因在于第一点，即政治的不安定以及省政府对任免更动的完全控制。[②] 这些往往令县长终日惶惶不安，在地方势力的排挤和上级官员的体制性压迫中艰难地生存。因前途没有保障，也往往借希望于非法掠取的手段，以寻求一种物质上的额外保障。虽然此种分析主要基于长江流域省份，但从宁夏的情形考虑，这四个原因同样适用。民国时期宁夏省各县县长频繁更换，几乎每年都重新任用，有的时候，一年甚至要变换两三次县长。

三　县级以下政区职官选任与管理

宁夏省政府在1933年之后为推行地方自治，规定县以下设置区、

---

① 马鸿逵：《十年来宁夏省政述要》，民国宁夏省政府秘书处编，第二册，民政篇，1942年版，第9页。

② 王奇生：《民国时期县长的群体构成与人事嬗递——以1927年至1949年长江流域省份为中心》，《历史研究》1999年第2期。

乡、间各级组织。在区中设置区长，区长以下设置区助理员、会计、书记各 1 人，另设区丁若干，在乡中设乡长，在间中设间长。由此县级以下政区职官的选任与管理主要包括甄别保甲长的标准以及确定乡镇间长的人选等方面。

宁夏省对甄别保甲长的标准经过多次修订。1934 年 10 月，宁夏省政府开始办理保甲、调查户口，并以平罗县为试验区。1935 年 4 月，宁夏县、宁朔县、平罗县、金积县、灵武县、中卫县、中宁县七个县的户口调查结束后，宁夏省开始对各县所选定的保甲长进行甄选。为进行核定，专门制定了甄别保甲长的统一标准，下令各县遵照执行。其中规定：(1) 年龄在二十五岁以上三十五岁以下。(2) 品行公正无私者。1936 年 9 月，又专门制定了宁夏省保甲长甄别暂行办法，明令公布，通饬执行。

宁夏省对于乡镇间长的人选，也有相关规定。在宁夏省政府高层官员看来，当时所谓"地方公正人士"，对于此乡镇长职位都"避之唯恐不远"，以致"所有乡镇间长，大半是地方上之土劣所把持，假公济私，鱼肉乡民"。①

在宁夏省实现地方自治过程中，涉及县级行政组织中的改组以及县以下行政组织的改组。在改组过程中往往缺少合适的行政官员，使地方行政权力的实施和地方自治的行政效果受到很大影响。

第三节　抗战期间行政官员地方集团意识加强

一　省级职官选任与管理

抗战期间，宁夏省省级行政官员在被任命的过程中又有一些变化。但总体上仍然以"关系亲疏"作为用人的基本标准，并不按照规定进行实施，更无所谓品德和才能的评定。马鸿逵在自己的权限范围内，进一步在行政机关中培植和巩固自己的势力（见表 3 - 4）。

---

① 马鸿逵：《十年来宁夏省政述要》，民国宁夏省政府秘书处编，第二册，民政篇，1942 年版，第 77 页。

表 3-4　　　　　　宁夏省历任行政长官一览表（1937—1942 年）

年度	主席	委员兼民政厅长	委员兼财政厅长	委员兼教育厅长	委员兼建设厅长	委员	秘书长
1937	马鸿逵	李翰园 海涛	杨鸿寿	童耀华	马如龙	马福寿、 马继德、达理札雅	叶森
1938	马鸿逵	海涛	杨鸿寿 赵文府 （北平）	童耀华 时子周 （天津）	李翰园	马福寿、 马继德、达理札雅	叶森
1939	马鸿逵	海涛	赵文府	时子周 洛美奂 （浙江义乌）	李翰园	马福寿、 马继德、达理札雅	叶森
1940	马鸿逵	海涛	赵文府	洛美奂	李翰园	马继德、达理札雅、 张天吾（宁夏）、 王沛（河北）、 周生桢（同心）	叶森 翦敦道 （湖南 常德）
1941	马鸿逵	海涛	赵文府	洛美奂	李翰园	马继德、达理札雅、 张天吾（宁夏）、 王沛（河北）、 周生桢（同心）、叶森	翦敦道
1942	马鸿逵	海涛	赵文府	王星舟 （辽宁海城）	李翰园	马继德、达理札雅、 张天吾（宁夏）、 王沛（河北）、周生桢 （同心）、叶森	翦敦道

注：表中加粗姓名表示此人籍贯属于西北地区。

资料来源：马鸿逵：《十年来宁夏省政述要》，民国宁夏省政府秘书处编，1942 年版。吴忠礼：《宁夏近代历史纪年》，宁夏人民出版社 1983 年版，第 146—327 页。《甘肃解放前五十年大事记》，1898—1949 年，《甘肃省文史资料选辑》第十辑，1981 年整理，第 260 页。

宁夏省政府组织在不同时期有许多调整（见表 3-4），在调整过程中组织人员籍贯比例也在变化。陕西、甘肃和宁夏三地官员人数占总数的平均比例达到 63％，最高时达到 70％，即使最低时（1941—1942 年）也占到 58％（见表 3-5）。

表 3-5　　　　宁夏省历任行政长官籍贯分析（1937—1942 年）

年度	1937	1938	1939	1940	1941	1942
（籍贯）西北人数：非西北人数	6∶3	6∶3	6∶3	7∶4	7∶5	7∶5
陕西、甘肃、宁夏人数所占百分比	67％	67％	67％	64％	58％	58％

注：由表 3-4 统计得到。

资料来源：马鸿逵：《十年来宁夏省政述要》，民国宁夏省政府秘书处编，1942 年版。吴忠礼：《宁夏近代历史纪年》，宁夏人民出版社 1983 年版，第 146—327 页。《甘肃解放前五十年大事记》，1898—1949 年，《甘肃省文史资料选辑》第十辑，1981 年整理，第 260 页。

由于宁夏当时交通和生产均不发达，且位置又处边远，蒋介石对宁夏省的控制较松散，遂决定宁夏省政府委员、各厅、处长，除教育厅长外，其他均由马鸿逵自行提名保荐。从表中可以看出：在民政厅、财政厅、教育厅和建设厅四个厅的厅长中变动最频繁的是教育厅，且由中央任命，而非宁夏省政府内部产生。其他三个厅，变动较小，尤其是 1938 年之后，就一直未曾变动，且厅长人选都是马鸿逵的亲信。但即使是教育厅这一个职位，马鸿逵及其他省政府委员也绝不容中央染指。每一个由国民党政府派来的教育厅长均无法长期在宁夏任职，有的自行离开，有的遭受打击致死，直至后来马鸿逵保荐其亲信杨作荣上任，最终将四大厅长的任命权完全掌握。所以，马鸿逵以军管政、以政管党，国民党宁夏省党部及各县党部，都在他的操纵之下。

除了民政厅长和建设厅长在 1937 年后固定为海涛和李翰园以外，军需处长赵文府于 1938 年被任命为财政厅长，壮大了其军阀官僚集团的势力。

二　县级政区职官选用与管理制度

民国时期宁夏省由于经济文化落后，县级行政人才极为缺乏。省政府分别在 1938 年冬季和 1942 年春季，先后设立了候补县长训练班，训练候补县长人才。[①] 即便如此，对于县长人选，虽然形式上经过慎重甄选，但县长人才来源的问题仅仅依靠短期培训是解决不了的，能够胜任县长一职的人才仍然极少，而且已经就职的县长，其整体素质也不高。各县政府不设委员会，县长极力奉承上级官员，几乎成为上级官员的"差遣副官"。县长的工作往往只注重表面工作，敷衍塞责，他们对于催兵、办粮等事务投入最大精力，同时为应付上级检查，还积极在公路两旁种好"马公柳"，以备上级官员的巡视和审查，对于县内建设和群众的疾苦几乎是不管不问，而所谓的县长政务大部分只是流于形式。

---

① 马鸿逵：《十年来宁夏省政述要》，民国宁夏省政府秘书处编，第二册，民政篇，1942 年版，第 23 页。

对 1933—1944 年宁夏省各县县长籍贯进行分析（见表 3-6），可以看出以下几点：

县长籍贯多样，分别来自 13 个不同省份。其中，县长籍贯中甘肃省最多，占 35.2%，甘肃籍县长大多又集中在河州、皋兰及周边地区，这些地区与马鸿逵的回族家族集团有密切联系。这些甘肃籍县长与马鸿逵有一定私人关系，成为马鸿逵军阀政治集团在基层组织中的支撑力量。此外，1931 年 1 月，蒋介石"围剿"鄂豫皖苏区时，调马鸿逵部到河南许昌、漯河一带，马鸿逵曾参与对鄂豫皖革命根据地的进攻。[①] 以马鸿逵及其所属的十五军早先活动的区域为中心，形成在县长中河南籍县长也较多的状况。可见其用人方面仍然存在以个人关系亲疏为标准，同时集团意识较为明显。

表 3-6　　　　　宁夏省历任各县县长籍贯分析（1933—1944 年）

籍贯	甘肃	河北	不明	河南	宁夏	陕西	天津	山东	安徽	四川	湖北	山西	辽宁	江苏	总计
人数	19	6	6	5	4	4	2	2	1	1	1	1	1	1	54
%	35.2	11.1	11.1	9.3	7.4	7.4	3.7	3.7	1.8	1.8	1.8	1.8	1.8	1.8	100
排名	1	2	2	4	5	5	6	6	6	6	6	6	6	6	

　　资料来源：国民政府内政部档案；宁夏省现任县长月报表；宁夏省三十五年十二月底在职各县市局长静态调查表；中国第二历史档案馆藏，卷宗号 12¾）2516；《同心县志》编纂委员会编纂的《同心县志》，宁夏人民出版社 1995 年版；《中宁县志》编纂委员会编纂的《中宁县志》，宁夏人民出版社 1994 年版。

民国时期，中央一级随着传统帝制时代的消逝，其官员任职不再是全国范围的统一调配，而逐渐转变为由本省行政官员在本省及相邻省份范围内进行调配。除个别省份以外，在 20 世纪 30—40 年代，本省籍县长普遍较多，在长江流域各省，平均达到 70%[②]。虽然全国范围内的籍贯回避制度似乎已经不复存在，但在省内部的回避制度往往在地方主政者的调配下可以实现。宁夏省在民国时期，除 1949 年外，没有出现一例本县人担任

---

　　① 杨均期：《从县长群体籍贯看民国时期宁夏地方政治的变迁》，《宁夏师范学院学报》（社会科学版）2010 年第 1 期。

　　② 王奇生：《民国时期县长的群体构成与人事擅递（1927 至 1949 年）——以长江流域省份为中心》，《历史研究》1999 年第 2 期。

本地县长的现象。① 这说明，随着中央集权的衰弱，宁夏省地方势力可以凭借县长的任用权达到在本省内部的籍贯回避。这一举措有效防止了本省内基层组织对省级行政组织力量的分化，同时由于县长任用权的垄断，使得县长逐渐成为省级官员的依附，进一步强化了省级行政组织内部的集团力量，使行政指令在省内传达和执行的效率提高。

此阶段，宁夏省政府仍然针对腐败现象进行相应改革，在改革中仍然以组织中的规章制度为主，这些制度比之前更为正规，希望通过形式上的规定，减少县长中饱私囊的可能。但经过几年的调整，县政府组织发生了一些变化，但贪腐现象仍然比较普遍。②

马鸿逵不断强化其在基层的政治合法化能力、军事统治能力、经济汲取能力和社会动员能力等，使得县长职责在与民生相关的经济建设和文化教育建设等方面几乎没有体现，相反，只体现在对社会生活的干预，对社会底层资源的汲取上。县长作为地方"父母官"的形象几乎完全被毁，县长群体的角色发生了蜕变。

三　县级以下政区职官选用与管理制度

抗战发生后，国民政府在《整理川黔商省各县保甲方案》中修正了以前的做法，改为不具结而连坐。即各户不必签名具结，但如发生甲内居民有通"匪"、为"匪"等情，一经审判机关查明，对同甲各户立即予以连坐处分。在该法的说明中提出上述变动的理由是：同甲各户因贫官不同往往不愿联保具结；而愿意联保具结的各户则往往素来关系密切，某户如有非法行为，同结者必不肯告发，"故不如使同甲各户共负联保连坐之责，不另具切结，只须于各户门牌上加以说明。"

而宁夏省的保甲制度也相应有所变动。1939 年上半年度调查户口时，

---

① 杨均期：《从县长群体籍贯看民国时期宁夏地方政治的变迁》，《宁夏师范学院学报》(社会科学版) 2010 年第 1 期。

② 马鸿逵：《十年来宁夏省政述要》，民国宁夏省政府秘书处编，第二册，民政篇，1942 年版，第 9 页。

对于保甲人员的甄别，又拟定了一些标准，其中明确将撤换标准和替补标准分开进行规定。在撤换标准中分为四项：（1）品行不端者；（2）该管之保甲户口过半数不确实者；（3）保甲长系雇充者；（4）保甲长系富户或巨绅指定者。替补标准中包括两项：（1）品行端方者；（2）家中人口众多者。

宁夏地方行政组织为迎合国民党中央组织部对保甲制度的规定，同时为自身军事集团考虑，加大了保甲制度的施行。1940年3月，国民党政府下令实行"新县制"，即取消联保及闾，改为区、乡、保、甲四级制。宁夏省政府再次改订保甲长甄选标准。其中共有七条规定：（1）年龄在二十五岁以上四十五岁以下者；（2）对于户口兵役办理有成绩者；（3）家道殷实，子弟众多者；（4）确无不良嗜好者；（5）本地土著并有德望者；（6）有正当职业者；（7）信仰纯正而无不正当思想及行动者。

宁夏省政府于1937年下令各县改选乡镇闾长。但在选举的过程中，并非以民意为主，而是遵循两点，即"有品格、在地方声望著者"和"有身家、家道殷实者"，强令其出任乡镇闾长，担任自治工作。对于相关人员，"经历年甄拔遴选"后，认为"乡镇长多半人各称其职，地方自治的推行，比以前顺利很多"。所谓推行自治更为顺利，实质上对底层百姓剥削更为严重，而并非能更好地表达民意。

在宁夏省实现地方自治过程中，地方上较有能力的青年学生和所谓"地方公正士绅"几乎没有一个自愿出任自治工作，致使有些官员必须依靠"硬性指派"来产生。例如，宁夏盐池县"乡、保、甲长虽说要通过民主选举产生，但实际多半是硬性指派"。① 为此，时任宁夏省政府主席马鸿逵曾多次印发类似"劝告各县士绅及优秀青年出任地方自治书"的报告词进行号召，他在报告书中"描述利害关系，反复劝勉"，指出"国势之危急，自治之重要"，"地方事应由地方人担任"，并号召"各县士绅及优秀青年或能由此感动，而热心从事于地方事业"。这些从侧面反映出，行政

① 《盐池文史资料》第五辑，第24页。

组织改组和地方自治的效果并不理想，连马鸿逵本人也承认"地方自治事务，多半委之于一般土豪劣绅之手，每况愈下"[1]。

第四节 抗战后行政官员回避制度的失范

1945 年日本投降后，马鸿逵积极整军备战。在省级政区的职官选任过程中以实现其军事目的为主。在县级政区的职官选任过程中，有一些变化。1945—1949 年，宁夏省县长籍贯逐渐趋于单一（见表 3-7）。

表 3-7　　　　宁夏省历任各县县长籍贯分析（1945—1949 年）

籍贯	宁夏	甘肃	山东	不明	陕西	河南	江苏	总计
人数	14	5	2	2	1	1	1	26
比例/%	53.8	19.2	7.7	7.7	3.8	3.8	3.8	100
排名	1	2	3	3	4	4	4	

资料来源：国民政府内政部档案；宁夏省现任县长月报表；宁夏省三十五年十二月底在职各县市局长静态调查表；中国第二历史档案馆藏，卷宗号 12¾）2516；《同心县志》编纂委员会编纂的《同心县志》，宁夏人民出版社 1995 年版；《中宁县志》编纂委员会编纂的《中宁县志》，宁夏人民出版社 1994 年版。

表 6-5 中的时间跨度涵盖五年的内容，可以从总体上看出仅就这五年而言，与之前相比最明显的变化是甘肃籍和河南籍县长数量在总人数中比例下降，5 年间分别只有 5 个和 1 个，比例分别为 19.2% 和 3.8%。与之相反，属于宁夏籍的县长数量大大提高，在五年间达到 14 个，比例达 53.8%。由此显示出基层组织中早期军事集团力量的色彩减弱，取而代之的是由宁夏本土培育出来的地方性集团力量的凸显。

同时，反映出南京国民政府对民国以来一直存在的官员回避失范的默认，随着官员数量的膨胀，官员回避本身难于操作。在这种情况下，各省委任的县长，大都是本省籍贯，如湖南 1947 年委任的县长中，本省籍所占比例高达 93.8%[2]，远远超过宁夏。这也表现出此时中央集权的弱化，

---

① 马鸿逵：《十年来宁夏省政述要》，民国宁夏省政府秘书处编，第二册，民政篇，1942 年版，第 79 页。

② 国民政府内政部档案：《县长籍贯比较表》，中国第二历史档案馆藏，卷宗号 12（6）—21902，王奇生：《民国时期县长的群体构成与人事嬗递》，载于《历史研究》1999 年第 2 期。

而省级地方当局有取代中央在地方上权威的趋势，是省区半独立意识在职官选任与管理制度上的反映。

第五节 小结

民国时期宁夏地方职官选任和管理制度的变迁需要从省政府主席、县长以及县以下行政人员的选用制度考虑。省政府主席一职由国民政府中央任命，从建省初期的流动性逐渐过渡到后期的稳定性，对地方政治秩序的稳定起到一定作用。县长一职的任命"由省政府检同履历书咨请内政部转送铨叙部审查，审查合格后，再由国民政府正式任命"，通过法律条文的规定对县一级基层行政组织进行渗透和分化，避免地方割据，但在实际上是由省级政府或明或暗地操纵着。而县级以下的政区虽然打着"民主选举"的旗号，却仍然由高度集权的省级政府把持。

为实现高度集权，地方行政组织进行了内部整合，强化了地方集团意识，这种集团意识主要表现在以下方面。第一，使从上至下行政体系的国家认同意识得到强化。在承认中央政府法律规定的前提下，对制度进行转变，以谋求一定程度的"自治"或"自主"。通过制度替换、制度层叠和制度转移的设计，将中央的行政制度加以利用，重新构建起体现地方集团利益的新的职官选任和管理制度，制造出行动者的合法性。第二，地方集团的精神整合意识得到强化。通过对地方正式制度的修改和对非正式制度（"甘、马、河、回"标准）的运用，适当借助回族宗教力量，倡导回汉团结，从精神上进行组织整合。第三，地方集团的组织维系意识得到强化。地方集团是一个以地缘关系为主要纽带的地方军事政治集团，包括一支由子弟兵组成的地方军队，即武装团体，以及一个由地方上的部分资产阶级知识分子、官僚、士绅组成的政治群体，占据着省以下的政权机构。第四，地方集团的效忠意识起到约束作用。地方集团产生于地域认同，又高于这种认同。它不仅具有自身内在的规定性，不允许个体成员有违背团体的言行，而且必须形成强制认同的约束机制，否则，就不成其为团体①。第五，对官员回避制度失范的默认。随着不断增加的官员数量和不断膨胀的行政机构，官员回避本身越来越难于操作，随着宁夏省本土官员的比例不断上升，省区相对于中央的半独立意识也表现得较为明显。总体上，民国时期宁夏省在职官选任和管理过程中地方集团特性表现得极为明显，使得行政组织主要体现出地方集团的意志和权力。

---

①　王续添：《论民国时期的地方政治意识》，《教学与研究》2003年第5期。

第四章

宁夏省地方财务行政制度(1929—1949 年)

第一节　建省初期收支失衡

一　财务行政机构的调整

宁夏省财务行政机构在民国期间经历了多次调整。1929 年 1 月，宁夏建省，此时，国家财政实行中央与省之间的收支划分，宁夏省政府正式成立时就建立了较为正规的省财政厅。同时，虽然县只是省财政的收支机关，但在形式上仍然实行的是中央、省、县三级制。依照《县组织法》规定，在宁夏省各县统一设立财政局，是县政府的"下设"机构，作为财政机构的县财政局，其内部建立了较为健全的组织。①宁夏建省后，只有宁夏、宁朔、平罗、中卫、金积、灵武等六县能供入财赋，由省、县财政机构负责征收田赋税捐及清乡费。但 1929—1931 年各地军阀战争不断，使得地方财务行政几乎无法正常进行。

从 1929 年建省以后，开始在宁夏省设置教育厅，实行宁夏省的教育

---

① 魏光奇：《官治与自治——20 世纪上半期的中国县制》，商务印书馆 2004 年版，第 274 页。

行政。① 在教育行政的过程中，教育厅机构和人员设置一直在不断发生变化，在组织方面也一直在进行变革。自 1929 年春开始，国民政府就宁夏省教育厅长一职曾先后任命李世军、甄纪印、刘葆锷等担任。在刘葆锷任职教育厅长时期，教育厅行政设置为一室两科。其中一室为秘书室，专门负责审核和草拟文稿，两科中第一科专门管理总务，第二科专门管理学校教育、社会教育及编审事项。职员设置有秘书主任、秘书、科长、办事员、书记等共计 17 人。

1932 年，扈天魁担任省财政厅长。扈天魁毕业于当时的北平陆军军需学校，对军需民用的调剂筹补了如指掌，对财税制度的建立和运作有自己的独到见解。上任以后，扈天魁对宁夏财政制度改革和调整做了很多工作，改善了宁夏财政混乱、民生凋敝的状况，原本被各路军阀、地方士绅们控制的地方税收逐渐转入政府手中。

1933 年 2 月，省政府改组，任命梁敬镎为财政厅厅长。② 此人是马福祥所荐，属于孔祥熙系统，任财政厅长时，动辄以部令相威胁，使省府官员有所顾忌。到任后，对于财政厅组织的设置大部分沿袭旧制，设置秘书处，及第一、第二、第三等科，分掌所属事务。第一科分总务股、统计股，第二科分田赋股、经征股，第三科分支核股、库务股。除此三科外，还设印花烟酒税处，分印花股和烟酒股。③ 省府各厅皆分署办公，职权较为分明，责任较为明确，但也因此造成各厅间的隔阂及政令不统一（见图 4-1）。

二　财政收支制度变革

宁夏建省之初，行政区域较大，但实际面积中所包含的阿拉善和额济纳两旗均不在宁夏省的行政管辖范围之内，所以实际管辖的九个县，其范围只占总面积的 10.7%。④ 在宁夏县、宁朔县、平罗县、中卫县、灵武

---

① 安涧：《宁夏教育现况纪略》，《西北论衡》第 5 卷第 6 期。

② 《国民政府公报》第一〇四六号，国民政府文官处印制 1933 年版，第 1 页。

③ 马鸿逵：《十年来宁夏省政述要》，民国宁夏省政府秘书处编，第三册，财政篇，1942 年版，第 2 页。

④ 《宁夏资源志》，宁夏省政府 1946 年编印。

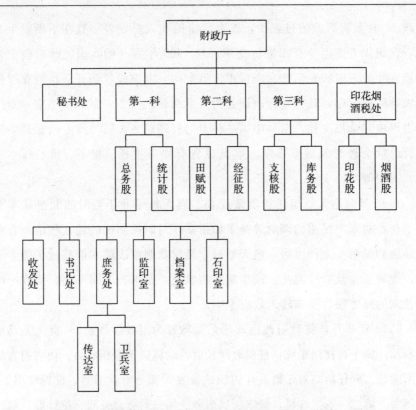

图 4-1 宁夏省财政厅组织结构（1933 年 3 月—1934 年 3 月）

资料来源：马鸿逵：《十年来宁夏省政述要》，民国宁夏省政府秘书处编，第
三册，财政篇。胡平生：《民国时期的宁夏省（1929—1949）》，学生书局 1988 年
版，第 203 页。

县、金积县、盐池县、预旺县、磴口县九个县中，盐池、磴口、预旺三个
县又都属贫瘠不毛之地，剩余六个县的资源要支撑整个宁夏省的支出所
用，显然存在相当大的困难。

1930—1932 年，宁夏省政局仍然不稳定，不时有地方战争爆发，使地
方行政几乎无法正常维持。"各项税赋，无暇整理，仍沿甘肃旧例，因袭征
收，积习既深，弊实丛生"，当时有很多以逃荒的形式逃避税收，而地方富
绅买田却不承担税赋。造成"富强者有田无赋，贫弱者有赋无田"，民间缴
纳赋税的混乱现象较为普遍。以 1930 年为例，此年度内总支出约为 308 万

元,实际的总收入额约为 264 万元,按照这个数字粗略分析,收入小于支出。[①] 表 4-1 列出了自 1930 年至 1932 年宁夏省财务收入与支出的数据。

表 4-1　　　　　　　宁夏省收支状况[②]（1930—1932 年）　　　　单位：元

收入				支出			
科目	年度			科目	年度		
	1930 年	1931 年	1932 年		1930 年	1931 年	1932 年
田赋	343611.37	409509.16	631756.90	党务费	38745.33	61197.00	50777.20
契税	1045.17	4940.41	1269.96	行政费	143466.45	266970.86	322709.52
营业税	705875.43	415097.25	450508.95	司法费	68123.92	76199.65	72472.97
房捐		18932.47	17371.00	公安费	5433.85	51583.94	50603.91
船捐	4125.33		8844.00	财务费	119416.73	128183.29	74687.67
驼捐	2382.00	14500.00	61438.00	教育文化费	64270.73	94578.73	81630.10
地方财产收入	62.51			实业费	15453.90	7553.20	7787.76
地方行政收入		21731.12	26056.53	建设费	51424.29	44013.77	55979.25
协助款收入	64945.52			协助费	227493.27		
借款收入	158796.89			债务费	449832.41		
经收国家各款	376128.62	348691.45	348283.73	代付国家各款	22190.20	21825.47	56736.83
清乡费	813387.91	1174016.88	1543340.91	省支军费	1862544.77	1961951.56	2644632.47
善后罚款	73839.83	126702.37	212054.66	其他支出	13035.68	1076.18	5078.12
杂项收入	6542.56	354.70	21678.49				
合计	2550743.14	2534475.81	3322603.13	合计	3081431.53	2715133.65	3423095.80

资料来源：马鸿逵：《十年来宁夏省政述要》,民国宁夏省政府秘书处编,第三册,财政篇,1942 年版。

[①]　胡平生：《民国时期的宁夏省（1929—1949）》,学生书局 1988 年版,第 203 页。

[②]　马鸿逵：《十年来宁夏省政述要》,民国宁夏省政府秘书处编,第三册,财政篇,1942 年版,第 129—144 页。

从表 4-1 中可以看出，此阶段收入科目有田赋、契税、营业税、房捐、船捐、驼捐、地方财产收入、地方行政收入、协助款收入、借款收入、经收国家各款、清乡费、善后罚款、杂项收入等。其中对所有田亩都要征收烟亩税的"清乡费"和对鸦片征收的"善后罚款"[①] 两项税收占总收入的很大比重。1930 年约占 34%，1931 年增至 51%，1932 年又进一步增至 53%。这与当时宁夏省农村大面积种植鸦片有密切关系，"宁夏独立建省后，成为全国主要鸦片产区之一。全省 10 个县中有 7 个县种烟，其中有一个县鸦片的常年产量即约为 84000 余担。"[②] 此阶段支出科目有党务费、行政费、司法费、公安费、财务费、教育文化费、实业费、建设费、协助费、债务费、预备费、代付国家各款、省支军费以及其他支出。其中省支军费占总支出比重最大，且此三年逐年增加，1930 年约占 57%，1931 年增至 72%，1932 年又进一步增至 77%。可见，当时正处新军阀混战时期，民不聊生，宁夏作为一个独立省份，虽然占地相对较少，但所分摊的军费负担却比以往更加沉重。

三　财政赋税制度变革

宁夏建省前后，民众税负有很大差别。自正式建立宁夏省之后，耕地面积没有增加，农作物产量也基本没有变化，但是行政机构却一下子变得庞大而繁杂，行政管理的费用也转而成为普通民众巨大的负担。而且随着税目的增加，沉重的负担也与日俱增。据记载，民国时期需要缴纳的税目繁多，几乎达到 40 项。[③] 其中由建设厅负责征收的有清乡费、百货特税、烟酒公卖、纸烟特税、牲畜税、屠宰税、羊肠税、地丁银、地丁粮、驼捐、船捐、斗行捐、木捐、行捐（包括油、醋、磨、纸、香、牙、铜、铁和皮等各行）等。由财政厅负责征收的有善后捐、烟膏捐。由公安局负责征收的有烟灯捐、房捐、花户捐、路灯捐、菜摊捐、水车

① 傅作霖：《宁夏省考察记》，正中书局 1935 年版，第 64 页。
② 罗运炎：《中国烟禁问题》，大明图书公司 1934 年版，第 71 页。
③ 陈赓雅：《西北视察记》，甘肃人民出版社 2002 年版，第 113 页。

捐、店薄捐、飞机场捐、飞机捐、修汽车路捐等。由榷运局负责征收官盐分销税,每年售蒙盐十六万包,每包售价十元五角,年收四十余万元。由垦殖局负责收取清丈注册登记费,同时征收各县羊捐,每头羊全年三角五分。[1]

在省一级和县一级都分别有税捐,[2] 以上税捐中清乡费、临时维持费、善后罚款、省会警捐、卷烟特捐、船户、驼户、营业捐等属于省一级的税捐。而羊只捐、鸽堂捐、担头捐、商店铺捐、牲畜捐、屠宰捐、地亩捐、烟灯捐、车驼捐、食盐托运捐、牙行斗秤行用捐、粮食附加捐、粮石百五经费、地丁百五经费、粜粜捐、油坊捐及婚书捐等多种属于县一级的税捐。[3] 其中清乡费在宁夏财政赋税中占最大比例,最开始征收是 1921 年,当时正是反对禁烟措施的时期,为了增加地方财政收入,同时满足扩充军队,开始以甘肃省政府所定名称"烟亩罚款"而征收。原来是按照农户种烟亩数来作为罚款的具体数目,建立宁夏省以后,此税种常常被地方官吏所利用,进行各种贿赂收受,所以又将其更名为清乡费,在征收数额方面,无论是否种烟都按实际地亩缴纳税费,实际比较原来征收规定,只多不少。[4]

除此以外,印花税、盐税和营业税等对民国时期宁夏省也较为重要。在印花税方面,民国时期有关的法令条例很多,其中核心税法应算是北京政府于 1912 年 10 月 21 日由临时大总统令公布颁行的《印花税法》。这期间也经历了不断的调整、修订、增删和变化,再加之新政令的发布,使得印花税的征收在整个民国时期都呈现出一种纷繁杂乱的现象。民国第一部《印花税法》中记录了征收此税的理由:"民国初立,需款浩繁,锱铢权及,罗掘之术将穷;百废待兴,支出之途日广。"对所征范围的规定是"凡财务成交所有各种契约、簿据,可用为凭证者,均须遵照本法贴用印

---

① 叶祖灏:《宁夏的今昔》,台湾"商务印书馆"1969 年版,第 161 页。
② 胡平生:《民国时期的宁夏省(1929—1949)》,学生书局 1988 年版,第 213 页。
③ 叶祖灏:《宁夏的今昔》,台湾"商务印书馆"1969 年版,第 161 页。
④ 傅作霖:《宁夏省考察记》,正中书局 1935 年版,第 25 页。

花。"该法列举了两个类目 26 种凭证，1914 年 8 月 19 日出台的《关于人事凭证贴用印花条例》中追加的 10 种凭证，构成了中华民国国民所负担的印花税税源。包括婚书、毕业证、护照等与私人生活相关的很多凭证。除此之外，发布的通告及条令还有《财政部开征印花税通告》《贴用印花税注意事项》《财政部派员督查印花税规则》《印花税法罚金执行规则》《整顿印花税票办法》《违反印花税条例案件审理委员会简章》[1] 等。印花税是民国时期国税的大宗收入，1933 年以前印花税由宁夏省政府代征，并交由财政厅设立专股征收印花税。所用的印花税票，都是宁夏省政府自制，然后分发到各县局代销，照章贴用。此时，全国处于军阀割据状态，政令难以统一，印花税的征管极为混乱。

在盐税方面，清末民初盐政管理混乱，国内有识之士曾主张对盐政进行改革。1913 年 4 月，袁世凯政府又与英、法、德、俄、日五国银行团签订"善后大借款"合同，五国通过控制中国盐务管理机构把持盐税税收，左右中国财政，此合同使得中国继关税征收权及存储权丧失之后，再次失去了盐税的征收、存储权。[2] 1927 年南京国民政府成立后，财政部开始对盐务税收进行改革。在国民政府税制改革中"治理地方政府截留盐税"是一项重要的内容。通过治理，逐渐收回被地方控制的盐税征管权，制止地方政府对盐税的截留和滥征附加，从而充裕中央税收，树立中央权威。[3] 1927 年和 1928 年初期，南京国民政府征收盐税之权仅限于苏、浙、皖三省。1928 年收回盐税行政主权，同时，恢复盐务稽核制度，对盐务稽核机构进行整顿，"设立了盐务署，统辖全国盐政，主持税收"。[4] 1929 年 6 月，国民政府向各省政府及各军事机关发出训令，要求各地盐税应由中央核办不得就地截留。[5] 然而，当时国民政府仍未能控制四川、

---

① 饶立新：《中国印花税研究》，博士学位论文，江西财经大学，2009 年，第 81—85 页。
② 《中国近代盐务史资料选辑》第一分册，南开大学出版社 1985 年版，第 104—187 页。
③ 张立杰：《南京国民政府盐税整理与改革述论》，《民国档案》2008 年第 1 期。
④ 吴兆莘：《中国税制史》下册，上海书店出版社 1984 年版，第 277—278 页。
⑤ 江凤兰：《国民政府时期的盐政史料（1926—1947 年）》，台湾"国史馆"1993 年版，第 329—330 页。

云南、贵州、陕西、甘肃、山西、热河、察哈尔、绥远、东三省及宁夏各省盐税。经过实行训令,1929 年 9 月,国民政府控制下的各省盐税已有 60％缴往中央。1931 年 3 月,南京政府立法院公布《盐法》,统一盐税。通过提高税率、改革缉私、整顿盐场、就地征税等措施挖掘盐税的增收潜力,弥补由庞大的军费开支等带来的巨额财政赤字。经过整顿,南京国民政府的盐税收入从 1929 年的 6972 万元增加到 1931 年的 17665 万元。[①] 盐税成为在国民政府的收入中占据重要地位的三税（关税、盐税、统税）之一。

在营业税方面,由于营业税是北洋政府为应对财政危机所引进的西方税制,1914 年,北洋政府制定特种营业执照和普通商业牌照两种税法。1928 年 7 月,国民政府召开第一次全国财政会议,决议裁撤厘金,由各省开征营业税来弥补"裁厘"损失,会议还拟定了《各省征收营业税大纲》。但是,由于之后连年军阀混战,"裁厘"被迫搁置,各省开征营业税的计划也只能延后。1929 年宁夏建省初期,并未征收营业税,但一直征收的临时维持费,与营业税性质相似。所谓"临时维持费"是在没有经过国家税法的许可下,由地方特创的税名。其"对物征收,无微不至,凡百货运输,来回往返,层层征收,累税不休"。第二次全国财政会议召开之时,宁夏省曾决定于第三期废除临时维持费,此后财政部又多次敦促地方改办营业税。但宁夏以"财用不足,无法开源,不得不依赖此而资挹注"等理由进行推脱,并未遵照执行。1931 年 1 月 20 日,财政部公布了《各省征收营业税大纲及补充办法》,通令各省征收营业税,但缺乏法律性。同年 6 月 13 日,国民政府正式公布了《营业税法》,中央层面的营业税制度基本建立。[②]

---

① 史全生:《中华民国经济史》,江苏人民出版社 1989 年版。
② 林美莉:《西洋税制在近代中国的发展》,"中研院"近代史研究所 2005 年版,第 156 页。

第二节　抗战前清丈土地及田赋改革

一　财务行政机构调整

1933 年 2 月，省政府改组时，财政厅厅长梁敬镎是马福祥所荐的[1]。此人动辄以部令相威胁，使省府官员有所顾忌。省府各厅皆分署办公，造成各厅间的隔阂。1934 年春，宁夏省政府为加强财权，遂以缩减经费和增进行政效能为由，遵照行政院的指示，颁布了省政府合署办公通令，开始在宁夏省实行合署办公。马鸿逵代理财政厅厅长，并再次更动财政厅组织。[2] 财政厅由原来的三科制变为两科制，第一科除了原有的总务、统计两股外，原来第三科中所属支核、库务两股，也一律合并到第一科。将原来的印花烟酒税处直接改为国税股，然后又另外增加一个调查股，此二股不属于任何科，具有独立的性质。原第二科及所设两股不变。到 8 月份，又改回三科制，将原来第三科中的支核、库务两股又分设出来（见图 4-2）。[3]

1934 年 9 月，杨鸿寿到任后，又一次将调查股取消，改为视察处，并改庶务处为庶务股，取消了原来属于庶务处的卫兵室。到 1937 年 3 月，因修改财政厅组织条例，宁夏省政府下令将秘书处改为秘书室。[4] 这一组织系统结构一直保持到抗战前都没有改变（见图 4-3）。

二　财政收支制度变革

1933 年宁夏省政府为了确切统计纳赋田地的亩数，决定实行清丈土地的政策。专门设立了垦殖总局经办此项。经过组织与训练，1933 年秋季，开始清丈土地。因盐池和磴口县多为沙漠和浅滩，而同心县[5]多为山

---

① 《国民政府公报》第一〇四六号，国民政府文官处印制 1933 年版，第 1 页。
② 师纶：《西北马家军阀史》，甘肃人民出版社 2006 年版，第 108 页。
③ 马鸿逵：《十年来宁夏省政述要》，民国宁夏省政府秘书处编，第三册，财政篇，1942 年版，第 2 页。
④ 同上书，第 3 页。
⑤ 同心县：1914 年更名为镇戎县，1929 年宁夏建省时更名为预旺县，1937 年再次更名为同心县。

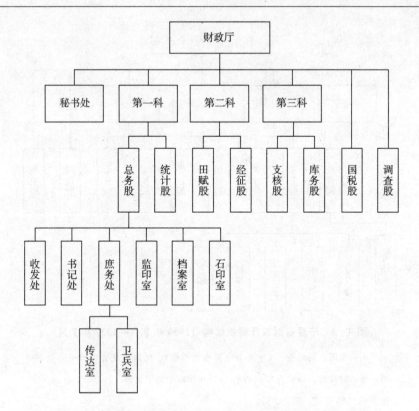

图 4 - 2　宁夏省财政厅组织结构（1934 年 4 月—1934 年 8 月）

资料来源：马鸿逵：《十年来宁夏省政述要》，民国宁夏省政府秘书处编，第三册，财政篇，1942 年版；胡平生：《民国时期的宁夏省（1929—1949）》，学生书局 1988 年版，第 203 页。

地，将此三县除外，只对剩余七县：宁夏县、宁朔县、平罗县、中卫县、中宁县、金积县、灵武县进行土地清丈。清丈结果比原有田亩多出无赋税地亩一共百万亩以上，且这些无赋税之地，都是富人所有。[1] 此外，在此期间对有关"废除苛捐杂税"一事经过第二十一次省委会议决三项原则。第一项，本省免除苛杂宗旨，以不另办税捐为原则。第二项，现有税捐，几近苛细或重征者，一律免除。第三项，用途正大，而

---

[1]　马鸿逵：《十年来宁夏省政述要》，民国宁夏省政府秘书处编，第三册，财政篇，1942 年版，第 13 页。

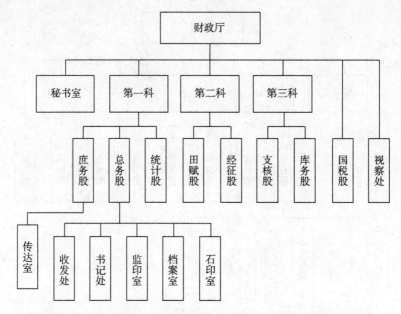

图 4 - 3 宁夏省财政厅组织结构（1934 年 9 月—1937 年 7 月）

资料来源：马鸿逵：《十年来宁夏省政述要》，民国宁夏省政府秘书处编，

第三册，财政篇，1942 年版。胡平生：《民国时期的宁夏省（1929—1949）》，学

生书局 1988 年版，第 203 页。

不苟细者保留。此三项原则决定后，即由民政厅和财政厅命令各县将所有税捐名目，以及年征重数，列表呈报，严加审核，从而决定各项税目的废留。

在表 4 - 2 中，财政收入科目中除去了清乡费和善后罚款两项，而尤其在 1933 年收入科目只有 9 项而已。在财务支出科目中除去了债务费，同时增加了交通费和抚恤费两项。在 1934 年增加了卫生费，在 1930—1934 年，从总收入来看，1933 年是数额最少的；但从总支出看，1934 年是最多的；各年收入与支出相比，均是支出大于收入，且二者差额呈增长趋势。

宁夏省政府在各县清丈完土地的基础上，从 1935 年开始着手于田赋的整顿。

首先，将"田赋的名目力求划一"；其次，各县附加等税，一律取消，仅仅厘定正附两税，均改收国币，于 1935 年元月起实施。之前七县熟田共 81.2 万亩，加上地方税项共应征税 246.33 万元，按亩平均，每亩应征 3.03 元。经过整顿之后，七县熟田增加到 182.875 万亩。其正税总共为 156.6916 万元，每亩平均年仅 0.816 元。但除了正税之外，还有要为当时驻扎宁夏省的第 15 路军筹垫军饷的附税，这样全年暂加赋税 133 万余元，与正税相加，则每亩平均再增加约 0.755 元，总共年折合 1.571 元。在减免税方面，宁夏省在民国中央政府第二次财政会议召开之时即拟具废除苛杂具体方案，呈交大会核议，经议决分期废除。"从 1935 年元月 1 日起，通令各县先将担头捐、商店铺捐、鸽堂捐、行佣捐（牙行）、籴粜捐、牲畜学捐、屠宰学捐、车驼捐、食盐驼运捐、烟灯捐、丁粮附加、油房捐、婚书捐、地亩捐、粮石百五经费、地丁百五经费，共计 16 种，计每年共收洋 14.1603 万元，一律废除，并严禁各县于正当税收之外，不得私加分毫。"[①]

表 4-2　　　　　　宁夏省收支状况[②]（1933—1934 年）　　　　单位：元

收入			支出		
科目	年度		科目	年度	
	1933 年	1934 年		1933 年	1934 年
田赋	211125.53	285367.25	党务费	35003.20	31000.00
契税	16434.84	2259.68	行政费	228501.55	282971.16
营业税	377448.77	435490.47	司法费	80802.15	73647.19
房捐	21743.78	21830.84	公安费	83586.93	173426.67
船捐	21765.00	25858.00	财务费	62447.19	204781.80
驼捐	40600.00	31789.40	教育文化费	90026.17	135513.50
地方行政收入	45291.77	56706.11	实业费		2894.44
经收国家各款	348614.14	666827.98	交通费	67934.60	17487.70

①　马鸿逵：《十年来宁夏省政述要》，民国宁夏省政府秘书处编，第三册，财政篇，1942 年版，第 18 页。

②　同上书，第 129—144 页。

续表

收入			支出		
科目	年度		科目	年度	
	1933 年	1934 年		1933 年	1934 年
地方财政收入		318.91	卫生费		580.50
补助款收入		70900.00	建设费	94527.59	166735.30
县地方收入		519.10	协助费		1870.00
其他收入	1414317.15	1708565.89	抚恤费	420.00	1102.00
合计	2497340.98	3306433.63	代付国家各款	78107.71	30079.41
			省支军费	2894062.48	2571782.02
			其他支出	13053.63	41971.74
			合计	3728473.20	3735843.43

资料来源：马鸿逵：《十年来宁夏省政述要》，民国宁夏省政府秘书处编，第三册，财政篇，1942 年版。胡平生：《民国时期的宁夏省（1929—1949）》，学生书局 1988 年版，第 203 页。

1935 年以前年平均收入 280 余万元（以 1930—1934 年五年计算），经过整顿之后，增加为年平均收入 540 余万元（以 1935—1937 年三年计算），增加了 260 余万元。收入中除了供给地方支出外，全年尚协助中央驻军饷项 200 余万元。通过实行量入为出、收支平衡的原则，几年间达到支出小于收入的局面。

从表 4 - 3 来看，在此三年间，尤其是在 1935 年，收入超过支出 942044.11 元，在 1937 年，则超过支出 728010.93 元。同时，可以看出，此三年与前面各年度收入总额的差别都相当惊人。从收入结构的变化上看，最明显的就是田赋收入的变化，前后差别竟然有 10 倍之多。而"县地方收入"从无到有，而且从 1934 年的 519.10 元一下子增加到 1935 年的 235583.60 元。从支出总数额来看，增加也较为明显，增加幅度小于收入增加幅度。从支出结构上来看，有四项支出明显高于前一阶段，分别是"行政费""公安费""教育文化费"和"其他支出"。另外从增减科目来看，支出科目中增加了"县地方支出"和"预备费"两项，减少了"交通费"和"抚恤费"两项。这些变化一方面受到土地清丈以及田赋制度改革的影响，另一方面是受到机构变动以及外在战争环境的影响。

表 4 - 3　　　　　　宁夏省收支状况①（1935—1937 年）　　　　单位：元

收入				支出			
科目	年度			科目	年度		
	1935 年	1936 年	1937 年		1935 年	1936 年	1937 年
田赋	2552207.28	2296606.45	1929467.15	党务费	43188.00	38561.60	26320.27
契税	5399.27	7326.72	6533.57	行政费	351553.99	389542.61	339548.59
营业税	558234.19	467453.60	340916.70	司法费	78419.68	69166.47	80204.60
房捐	19606.80	25551.45	35959.30	公安费	605646.12	519643.20	561641.20
船捐	22977.75	30000.00	17000.00	财务费	56434.80	30362.04	20009.50
驼捐	59614.40	48500.00	63920.00	教育文化费	231310.74	252560.48	200072.85
地方财产收人	383.00			实业费	4051.36	5803.08	4478.62
地方行政收入	44912.74	50502.19	59181.91	建设费	54246.06	56277.32	40721.15
补助款收入	214100.00	914615.67	1114500.00	卫生费			980.00
经收国家各款	944516.94	280040.15	1522487.63	县地方支出	357580.70	604421.42	375530.50
县地方收入	235583.60	684483.76	194849.13	代付国家各款	18065.41	14245.47	12493.04
其他收入	927291.56	14236.19	685841.52	省支军费	2277627.83	2064328.82	2108049.91
合计	5584827.53	4819316.18	5970656.91	预备费	339243.70	553511.14	752638.93
				其他支出	225415.03	6503.74	719957.22
				合计	4642783.42	4604927.39	5242646.38

资料来源：马鸿逵：《十年来宁夏省政述要》，民国宁夏省政府秘书处编，第三册，财政篇，1942 年版。胡平生：《民国时期的宁夏省（1929—1949）》，学生书局 1988 年版，第 203 页。

三　财政赋税制度变革

由于赋税过重，导致民不聊生。1933 年春季宁夏省政府开始改组，

---

①　马鸿逵：《十年来宁夏省政述要》，民国宁夏省政府秘书处编，第三册，财政篇，1942 年版，第 18—21 页。

马鸿逵为笼络人心，大力宣传要安定民生，改善政务，废除苛捐杂税。通过在宁夏省政府以及全国财政会议上的提案，最终在宁夏省政府委员会第70次会议上决议通过了相关废除税捐的规定，即将各县级地方政府征收的多项税捐进行了减免。将少数部分予以保留，包括学田租、地方财政收入、羊只捐，同时还有盐池、预旺、磴口三县的地亩捐、丁粮百五经费等。如前所述，有16种予以废除[①]，此规定自1935年1月1日起开始在宁夏施行。同时，还规定凡是地方贪官污吏以及土豪劣绅一律禁止采取阳奉阴违的手段通过巧立名目违法征收。后来各县羊只捐，盐池、预旺、磴口三县的地亩捐和丁粮百五经费也逐渐被废除，这些都使民众的负担在一定程度上有所缓解。[②]

除了以上废除部分税捐外，宁夏省政府对田赋也进行了整顿。宁夏在建省初期，田赋是每年收入中最主要的来源。正所谓"吾国以农业建国，故田赋为国家财政上岁入之主部"[③]。后来，田赋问题的缺点暴露得越来越明显，梁敬镎在提到田赋问题时曾进行了分析，提出在田地税征收时存在的四个问题。其中第一个问题是，各县官吏对待税赋有变动时往往不深入实际查明真相，而地方上的乡绅也往往不劳而获；第二个问题是，民间土地买卖经常发生，而在征收过程中所依据的县政府名单上往往是十年甚至是二十年前记录下来的，没有变更其所记姓名，由此造成实际征收过程中应缴税者与事实不相符；第三个问题是，各县的土地在征收附加税时，随意性太大，使得农民很难承受，导致许多农民逃荒而走；第四个问题是，有些地势不适合种粮，不在征收范围之内，但农民在上报实际亩数时往往谎报，以此减轻负担，还有一些是以"学田"的名义进行谎报，同样与事实不符，无法完成真正的田赋。

宁夏省政府在对田赋制度进行改革时也对"田赋之弊"进行了

---

① 见本节第二部分财政收支制度的叙述。

② 马鸿逵：《十年来宁夏省政述要》，民国宁夏省政府秘书处编，第三册，财政篇，1942年版，第270—274页。

③ 同上书，第144页。

分析：

> 自清以来，而赋制之坏，有非寸管所可罄书者，即以本省观之，其田赋之弊政，所承受于前代者，概言之，有下列数端：1. 负担不均：此亦有二因，一为豪户奸民之规避，一属土地生产量之不同。2. 赋册失准，田亩多被诡寄，此由鱼鳞制坏后而然也。3. 正税过重，此自明室以来而然者也。4. 附加税殷繁，此由清季入民国以来而然者也。至若侵吞也、暗蚀也、中饱也，以及种种巧立名目，法外诛求，皆因征收制度不良所致。[①]

所以各县从 1932 年开始实施土地清丈措施，到 1934 年冬天结束。通过土地清丈查出应缴而未注册的地亩在 100 万亩以上，所以第二年田赋征收数突然增加。所以也就明白为什么在前面表格[②]中所列数据，在 1935 年，田赋收入为 255.2207 万元，占全年收入总数的 46％。同时原有宁夏省的清乡费、善后罚款等数目，共计 100 万余元，全部撤废。其他各项税目经过整顿后，也每年都有增加。

在印花税方面，由于印花税是民国时期国税的大宗收入，国民政府制定相关法令进行限制。1933 年春，宁夏省政府改组，当时仍沿袭旧制由宁夏省政府代征，并交由财政厅设立专股征收印花税。所用的印花税票，都是宁夏省政府自制，然后分发到各县局代销，照章贴用。此时，全国印花税的征管极为混乱，宁夏省自行印制和销售印花，就地征收税款或任意截留税款不上缴，增加了地方税收。1934 年 9 月间，财政部下令将印花税务限至同年 10 月底结束，不再征收。从该年 11 月 1 日起，财政部另行印制宝塔印花，改归各地邮局代售。宁夏省政府为此多次文电往返，希望"中央体恤边瘠省份，并以驻军就地筹饷"，而撤销"中央与地方税收单独

---

① 马鸿逵:《十年来宁夏省政述要》，民国宁夏省政府秘书处编，第三册，财政篇，1942 年版，第 145 页。

② 见本章中表 3-1、表 3-2、表 3-3、表 3-4 和表 3-5。

划开，由邮局代售印花"的命令，但"终无结果"。于是，宁夏省政府再次交涉，提出"同意由财政部将印花归邮局代售"，但同时，须由宁夏省政府"严行稽查"，而且"售货税款，按月拨归省库"。这样一来"既符通令，又免省府亏累"。但几经交涉，仍然"未蒙准许"。然而，宁夏省政府并未就此作罢，他们以"为维持地方预算"为借口，仍下令宁夏省财政厅自行印制印花税票，"权变征收，以资挹注军费"①。地方政府为与中央争夺印花税的利益，阳奉阴违，形成极强的地方势力。国内财政秩序没有保障，中央财政收入受到极大影响。

在盐税方面，中央和宁夏地方政府也展开了激烈的利益争夺。民国时期宁夏的产盐地区分三个部分。第一部分是阿拉善旗属地吉泰产出的红盐，主要经由河路在晋北一带运销；第二部分是和屯察汗等地产出的白盐，主要经由陕路在甘肃陇东各县行销；第三部分是花马池惠安堡各盐区产出的白盐，主要通过驼运，在陕西一带进行销售。宁夏所征税课，在甘宁青三省未分治前，归花定盐运使署，分别设立场局征税。从1929年宁夏建省后，因驻军就地筹饷，省库空虚，于是将此项税收划归省内自行征收。当时宁夏省政府设立宁夏榷运局督责稽征。但因为管理不严，大多数税款中饱私囊，造成盐税税收收入的大部分流失。1933年，宁夏省政府开始改组，委任省政府委员马继德办理此项税收，同时选任相应机构人员专门管理各个分局。经过整顿，盐税收入相比以前有所增加，全年共约 100 万元。然而盐税是国税的一种，理应由中央征收，加之民国时期国民政府对盐税施行的一系列改革措施对宁夏省盐政的限制也越来越严格。宁夏省政府在此情形下曾请由中央收回盐税征收权，但同时提出，因宁夏省库空虚，入不敷出，以此申请中央拨发补助款项。

1935 年 10 月，财政部通过全国财政会议议决规定："凡未归中央国库之收支，统由中央国库统收统支。着将甘宁青三省盐务，改由中央收回

---

① 马鸿逵：《十年来宁夏省政述要》，民国宁夏省政府秘书处编，第三册，财政篇，1942 年版，第 225 页。

办理。"同时，"设立西北盐务收税总局，宁夏盐务移交该局接收。"① 于是，宁夏省政府下令榷运局于 1935 年 10 月底将盐务交还财政部西北盐务收税总局接办。交出盐税后，大大影响了宁夏省地方税务收入，"收数自为短绌，……而军政各费，仍旧开支，省库收入，不敷支出甚巨。"② 为此，宁夏省向中央财政部申请全年协济盐税补助款 120 万元，以资抵补。后来得到回复，暂时批准每月拨发宁夏省协济款项 6 万元，全年共计 72 万元，同时批准在接收整顿满一年后，再加拨 100 万元。然而，一年过后，中央政府的增拨之款并未履行。抗战时期，军费开支费用庞大，国库支出缩减，后来中央政府将协济盐款只按原来批准款项的 70％拨发，计每月核拨 42000 元，全年共计 504000 元。由此可见，盐税征收权的交还使得省税收总额下降颇多。而西北盐务管理局在宁夏省所征收之盐税，因销路增广，其所收税额大大增加。

第三节　抗战期间军费负担加重

一　财务行政机构调整

1938 年 3 月 14 日，财政厅厅长赵文府到任以后，提出要大力整顿厅内所有事项和杂务。他为了将事权统一在自己手中，对财政机构各科及主管各股进行了大幅度的调整。他规定国税股改由第二科主管，增设省垣官产事务所，专门负责接管省垣官产房租及禁烟等事项。同时增设一处仓库，由第一科主管。到 1940 年 5 月，因为宁夏省所有印花烟酒税已经由财政部直属的统税局办理，于是将国税股裁撤。而且当年全省实行地价税征收政策，于是又将田赋股改为地税股，并改组秘书室，添设秘书主任、秘书及其他办事人员，同时对内部组织也进行了局部调整。③

---

① 马鸿逵：《十年来宁夏省政述要》，民国宁夏省政府秘书处编，第三册，财政篇，1942 年版，第 226 页。

② 同上书，第 227 页。

③ 同上书，第 6 页。

　　1941年2月对组织条例加以修改，并通过提交省政府委员会第一一三次会议议决予以施行，此组织系统结构一直保持到1941年底（见图4-4）。

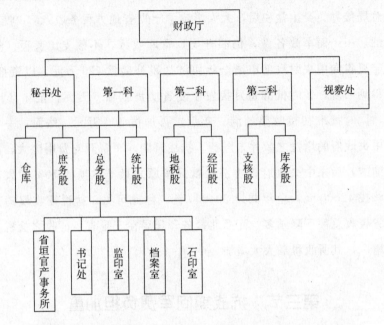

图4-4　宁夏省财政厅组织结构（1938年3月—1941年12月）

资料来源：马鸿逵：《十年来宁夏省政述要》，民国宁夏省政府秘书处编，第三册，财政篇，1942年版。胡平生：《民国时期的宁夏省（1929—1949）》，学生书局1988年版，第203页。

　　1942年，国民党中央政府提出要一方面增强战时财政统筹力量，另一方面要促进地方自治的发展，于是改订并颁行了《财政收支系统实施纲要》。在纲要中将全国财政系统分为国家财政系统与自治财政系统两大系统，原属于省级财政的一律并入国家财政系统，原属于县市财政的一律归为自治财政系统。

　　由于省级财政被并入国家财政系统，成为中央、县级两级制。此时，中央与地方在财政分权上多有调整和变动，财政厅的执掌权限也发生变动。实际上，财政部很难对全国2000多个县、市、局等单位一一进行直接督导，于是有必要在各省成立相应的驻省机构对各省自治财政机构执行督导，而原来的财政厅是省级财务的行政机关，正好可以被授予此项职权。1942年3月，将省税务局裁撤，并入财政厅，同时增设第四科专办与税务相关的事项。至此，财政厅组织基本固定下来，总共设定为四科，每科主管相应职能的股。同时，通过条例详细规定各科和各股所分管的各项事务和职权，以此作为行政处理的标准[①]（见图4-5）。

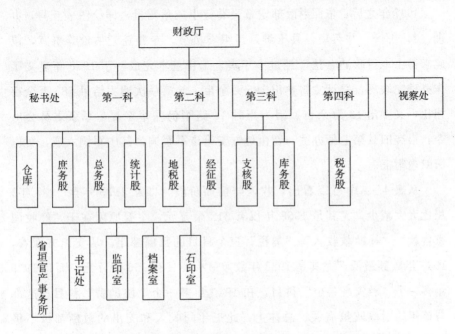

图4-5　宁夏省财政厅组织结构（1942年1月—1945年8月）

资料来源：马鸿逵：《十年来宁夏省政述要》，民国宁夏省政府秘书处编，第三册，财政篇，1942年版。胡平生：《民国时期的宁夏省（1929—1949）》，学生书局1988年版，第203页。

　　中央为加强对地方财政的监督考核，在全国范围内进行调整。财政部拟定了《各省财政职掌暂行办法草案》四条，经过当时国民党政府行政院和国民党政府国防最高委员会商议，规定各省财政厅原来的视察员改为督导员，各省可以酌情增加巡回督导人数，同时建立较为规范的督

---

① 马鸿逵：《十年来宁夏省政述要》，民国宁夏省政府秘书处编，第三册，财政篇，1942年版，第6页。

导制度。为实事求是地考核地方财政实施的具体情况，每省 20 到 30 人不等分别到各省进行督导，同时还对各省市财政厅局的地方财政计划进行整理和规划。[1]

二 财政收支制度变革

1937 年之后，依照财政部定章，举行小三角测量，详绘图表丘号，办理过割推收[2]，并召集各县士绅，组织委员会，专办登记估价等事宜，以此求得土地行政的合法。经过一年多，工作基本完成，于 1938 年复丈工作办理完竣后，总计丈得熟田 195 万余亩。与第一次清丈结果 182 万余亩相比，又多出 12 万余亩。因为当时 15 路军仍驻军宁夏，军事委员会电令，沿袭旧日第七师办法，暂由地方支给该军军饷，其中军饷六成，暂由田赋内附征。

从表 4 - 4 中可以看出，收入与前面阶段（即从 1935 年至 1937 年）相比大大减少，尤其是 1938 年仅有 312 余万元，主要原因在于"经收国家各款""补助款收入""契税"三个科目的数额都小。从支出方面看，1938 年数额最低，尤其是 1938 年数额最小，只有 266 余万元。而且 1939 年多一个"救灾准备金"科目，在 1940 年多一个"协助费"科目，这都与该年的财政政策有关。总体上，此三年间收入和支出的数额都极不稳定，上下浮动较大。

三 财政赋税制度变革

在田赋制度方面，宁夏省政府因战争进行了调查和调整。1938 年秋天各县着手按制定的标准对地价进行调查，到 1940 年开始征收地价税，而田赋收入也陆续有所增加[3]。对此项改革当时民国宁夏省政府总结出六个优点，分别是：

---

[1] 胡平生：《民国时期的宁夏省（1929—1949）》，学生书局 1988 年版，第 197 页。
[2] 即由政府办理产权转移之证明。
[3] 民国财政部财政编纂处编：《财政年鉴续编》，第 5 篇，第 26 页。

表 4 - 4　　　　　　　　宁夏省收支状况① (1938—1940 年)　　　　　单位：元

收入				支出			
科目	年度			科目	年度		
	1938 年	1939 年	1940 年		1938 年	1939 年	1940 年
田赋	2133685.03	2261331.62	318778.87	党务费	17601.35	28767.72	30526.54
契税	259.92	33465.81	86508.52	行政费	202418.57	211815.73	168557.92
营业税	111836.93	272166.15	284090.49	司法费	45707.16	74465.53	10356.29
房捐	15476.55	30434.25	30999.66	公安费	375318.81	349939.42	84827.65
船捐	1125.00	2750.00	37850.00	财务费	13437.55	23035.80	27029.20
驼捐	9807.00	32025.00	30921.50	教育文化费	121791.74	103123.50	140644.81
地方行政收入	25266.17	48199.45	57939.59	实业费	2219.50	4256.75	2566.00
补助款收入	281500.00	980500.00	301000.00	建设费	27385.30	45526.80	49615.20
经收国家各款	537909.69	1178839.79	439434.83	卫生费	3167.50	18536.75	16974.33
县地方收入	4784.82	23430.31	38630.13	县地方支出	240636.00	77154.86	817505.04
其他收入	5117.44	277170.59	128981.65	代付国家各款	5123.10	10429.48	4353.71
地价税			2587255.72	省支军费	1348079.60	3104966.89	12196403.00
合计	3126768.55	5140312.97	4342390.96	预备费	111742.00	27303.52	266819.15
				其他支出	150163.37	190104.29	129874.99
				救灾准备金		20000.00	
				协助费			466599.35
				合计	2664791.55	4289427.04	14412653.18

资料来源：马鸿逵：《十年来宁夏省政述要》，民国宁夏省政府秘书处编，第三册，财政篇，1942 年版。胡平生：《民国时期的宁夏省（1929—1949）》，学生书局 1988 年版，第 203 页。

　　按田科赋，而有税无田，田多税少之弊绝，利一也。荒区废壤，概予豁除，而有田无税，田少税多之弊绝，利二也。高低显著，科则

──────────

　　① 马鸿逵：《十年来宁夏省政述要》，民国宁夏省政府秘书处编，第三册，财政篇，1942 年版，第 129—144 页。

至公，无从上下其手，利三也。实田实户实税，飞洒难施，诡寄易辨，利四也。土地争讼，按图可断，不待履勘，利五也。高下有度，旱淹易稽，利六也。

在田赋制度改革中，除了上面措施外，还有一些，例如，厘定赋则、划一赋名整齐税课、制定征收田赋章程、取消田赋附加税、规定田赋串票表式、制定各县标准赋税规则等。1940 年以前民国宁夏省政府在赋税改革方面的确取得了一定成绩，但从 1941 年开始，由于要适应战时需要，国民党中央政府下发命令，使宁夏又一次陷入赋税沉重的状态。在中国国民党第五届八中全会后，拟定将各省田赋暂归中央接管。1941 年 6 月第三次全国财政会议召开，在会议上讨论并制定了三项原则：第一，自民国 1941 年下半年起，各省田赋一律征收实物；第二，田赋征收实物以 1941 年田赋正附税总额每元折征稻谷 2 市斗，产麦区征等价小麦，产杂粮区征等价杂粮。其赋役较重的省份，得请由财政部酌量减轻；第三，各省征收实物，采用经征经收划分制度。凡经征事项，由经征机关负责，经收事项，由粮食机关办理。[①]

此后，遵照财政部令，宁夏省财政厅成立省田赋管理处，所属十三县中除磴口、陶乐二县外，永宁、贺兰、宁朔、平罗、惠农、金积、灵武、中卫、中宁、盐池、同心等各设县田赋管理处，由县长和十一军军粮分局长分别兼任处长和副处长，依照上述原则进行田赋征收。其后各年征收情况如下：1941 年在夏秋两季共征收实物近 317 万斗，与预定额相差不多；1942 年在 8 月、9 月两月共征收稻谷 50 万石；1943 年奉财政部命令开始征收城市地价税，从省开始试验征收；1944 年在各县也开始陆续征收，两年间征收总额为 17 万余元。[②]

在印花税方面，至 1940 年，行政院下令"国地收支划分，军费统由

① 民国中央银行经济研究处编印：《民国三十一年上半期国内经济概况》，第 22—23 页。

② 马鸿逵：《十年来宁夏省政述要》，民国宁夏省政府秘书处编，第三册，财政篇，1942 年版，第 198 页。

中央拨支"。同时，下令"原宁夏省政府所有代征国税，饬即移交甘宁区税务局接收办理"，宁夏省遵照命令，在同年 5 月 15 日，将"代征国税"的权力移交给甘宁区税务局宁夏分局接收办理。表面上看，军费由中央承担，使得地方负担有所减轻。但宁夏省政府仍然假借地方实力，由县级政府下设的税务局插手经办。其借口是"该分局（甘宁区税务局宁夏分局）接办开始，人员不敷分布稽查，宁夏商民智识固陋，在本府厅属稽征之下，仍有偷漏情事，今该局未能派员严行稽查，势必影响税收"[1]。不论理由是否充分，宁夏省政府于是下令各县政府各地方税局开始认真稽查，并且提出"切勿划分国税界限"。宁夏省在对印花税征收权的争夺中取得优势，推行之后，征收的印花税不但没有减少，反而比以前增加更多。同时，在向商民征税时，以"中央与地方互相协助"为说辞进行宣传，假借中央权威，使得其他税收在推行中也更为顺利。

在盐税方面，自从西北盐务管理局控制了宁夏的盐税征收权以后，其在宁夏省所征收的盐税，因销路增广，所收税额大大增加，而宁夏省税收总额却明显下降。同时，原来由中央承诺的盐税征收权所交换来的协济款也一直没有如数核拨，宁夏省政府对此不肯放弃。1940 年春宁夏省政府以"本省财政困难，各职员待遇甚低，益以抗战影响，生活费用高昂，所获薪金实难维持等，需要增加各级职员之待遇"为由，呈请行政院并咨财政部按照前案，将盐协款 100 万元，照数拨付。后来得到行政院训令，将宁夏国地收支，实行划分，军费统由军政部核发，所有应拨的盐协款，从 4 月份起，拨交军政部抵作军费。如此一来，应拨的盐协款仍然未归入省财政之内，而以军费直接充抵。宁夏省只好遵照办理，在实际实施过程中，军队军费的确由中央统发，但省保安部队所支出费用，仍由省库承担。后来，虽然宁夏省政府仍旧以"省库支出浩繁"为由申请照拨盐协款，但一直没有得到允准。宁夏省自从交还盐务后，造成省库收入的较大损失。

---

① 马鸿逵：《十年来宁夏省政述要》，民国宁夏省政府秘书处编，第三册，财政篇，1942 年版，第 225 页。

在营业税方面，抗日战争开始后，国内各地市场沦陷，交通路线变更，货运遭到梗阻和破坏。宁夏省原来所征收的维持费来源受到很大影响，收入严重缩减。抗战混乱之时，物价高涨，地方上的奸商乘机囤积居奇，垄断了大批商品的营业利润，致使省政府对维持费的征收更加陷入困境。

1941 年 10 月，行政院修正了营业税法，并下令各地遵照执行。财政部也进一步敦促地方："值抗建进行之日，地方税收，应力加整顿，于三十年十一月一日先行依照院颁营业税法，实行改办营业税，以昭划一，而宏效率。"由此，宁夏省财政厅遵照原修正条文，并参酌本省实际商业情形，拟定宁夏省营业税征收章程，开始本省营业税制。

营业税属于一种收益税，其课税标准在 1931 年 6 月公布的原《营业税法》中有所规定，即为营业收入额与营业资本额两种。立法委员会参照各国营业税最新立法条例，主张增加营业纯收益额标准。从各省、市的执行情况看，课税标准一般采用营业总收入额与营业资本额两种，而于营业纯收益额标准多未采用。[①] 抗战时期，鉴于原《营业税法》中条款的不合理性，财政部于 1941 年和 1942 年两次修订了《营业税法》。1942 年 7 月《营业税法》第三条规定："营业税以营业总收入额为课征标准，金融业及其他不能以营业总收入额计算之营业，得以营业资本额为课征标准。"

宁夏省为增进战时税收，暂定以营业总收入额和资本额两者为课税标准，两种标准下税率都规定为自 1％至 3％。对不同行业按各种营业性质，分别核定。基本做到营业大而课税多，营业少而课税少，并注重单纯平均的原则。在宁夏省改征营业税的行业中主要分为三个部分，包括制造业、贩卖物品业和其他各业。在营业税中对于免征情况也有相应规定。第一，以营业资本额为课税标准，其营业资本额不满 500 元者；第二，以营业总收入额为课税标准，其营业总收入额月计不满 300 元者；第三，无固定营业场所之肩挑摆摊背负小贩，其资本额或营业总收入额，合于以上两款规

---

① 何继华：《民国时期营业税税制性质分析》，载于《中国证券期货》2009 年第 7 期。

定者。

在制造业中征收营业税的共有 35 种，其中以营业资本额为课征标准的有 14 种；以营业总收入额为课征标准的有 21 种（见表 4-5）。

表 4-5　　　　宁夏省制造业营业税标准及税率[①]（1942 年）

营业税标准	营业资本额	税率为 1%	轧花业
		税率为 2%	本估业、洗染织补业、制革业、制造五金器具业、火柴业、醋房业、修理物品器械业、制造陶瓷玻璃器具业、翻沙业、印刷业、制造车辆业
		税率为 3%	银楼业、制糖业
	营业总收入额	税率为 1%	磨面业、碾米业、榨油业、粉房业
		税率为 2%	镂刻业、修理钟表眼镜业、成衣业、煅炭业、造纸业、制造烛皂业、制造砖瓦石灰业、毛棉纺织业、毡毯业
		税率为 3%	制造化妆品业、制造美术品业、制冰业、制烟业、制酒业、肠衣制造业、猪鬃业、制皮衣业

资料来源：马鸿逵：《十年来宁夏省政述要》，民国宁夏省政府秘书处编，第三册，财政篇，1942 年版。胡平生：《民国时期的宁夏省（1929—1949）》，学生书局 1988 年版，第 203 页。

在贩卖物品业中征收营业税的共有 56 种，全部以营业总收入额为课征标准。税率为 1% 的有水果业、骑车行商业、皮庄营商业、在家营商业、皮件业共 5 种。税率为 2% 的有南北货业、酱园业、糕点业、米粮业、煤柴炭业、砖瓦石灰业、糖果食品业、生熟药材业、鞋帽业、皮毛业、山货业、陶瓷器业、竹木器业、五金材料器具业、洋广杂货业、毡毯业、书籍文具业、盐店业、纸张业、棉花布疋（同"匹"）业、呢绒业、估衣业、油店业、颜料业、腌腊业、中西服装业、面粉业、西药业、毛棉编织物品业、饼干罐头业、烛皂业、各种器具业、皮箱业、茶楼饭馆业、茶叶业等共 36 种。税率为 3% 的有古玩玉器业、皮货业、珠宝首饰业、钟表眼镜业、绸缎业、香烛纸炮业、玩具业、参茸燕翅业、化妆美术品业、生熟肉类业、纸糊冥器业、冰食汽水业等 15 种。

此外，在其他各业中，以资本额为课税标准的有银行业、钱庄业、货栈业 3 种，税率均为 3%；在以营业总收入额为课税标准的行业中税率为

[①] 马鸿逵：《十年来宁夏省政述要》，民国宁夏省政府秘书处编，第三册，财政篇，1942 年版，第 229—238 页。

1％的有揭表业，税率为 2％的有油漆业、镶牙照相业、代理介绍业、租货物品业、包作业，税率为 3％的有运输业、旅栈业、浴室理发业、娱乐场所业、典当业。

第四节　抗战后财政体制三级制的恢复

抗日战争胜利之后，国民党中央政府于 1946 年 7 月颁行财政收支系统法，仍恢复中央、省市、县市三级制，省市的财政行政职权又脱离了国家财政系统，恢复到之前的相对独立的状态①（见表 4 - 6）。由此可见，宁夏省财政系统与其他省相同，在时局动荡的年代中，行政职权的更动比较频繁。但在频繁的变动中一直处于相对稳定的是财政厅中第二科和第三科的组织结构。第二科中包含地税股和经征股，而第三科中包含支核股和库务股。第一科的机构经常处在增减和调整的过程中。这与国民党中央政府不断调整中央与地方财政体制以及财政收支划分政策有关，每一次调整必然会影响到地方财务行政组织系统的变化。

表 4 - 6　　　　中央与地方财政体制的变化（1929—1949 年）

时间范围	国家财政体制
1929—1941 年	三级制：中央财政、省市财政、县市财政
1942—1945 年	二级制：国家财政与自治财政
1946—1949 年	三级制：中央财政、省市财政、县市财政

资料来源：根据魏光奇著《官治与自治——20 世纪上半期的中国县制》部分内容整理；民国财政部财政编纂处编：《财政年鉴续编》，第 5 篇，第 26 页。

第五节　小结

纵观民国时期宁夏省地方财政制度可以分别从收支制度和赋税制度两

① 参见《中华年鉴》编纂委员会编《中华年鉴》，第 1147 页。

个方面进行评述。首先，从各时期收入表中可以看出，宁夏省从1930年至1940年十余年间财政收入具有一定的特点。首先，收入的主要来源为田赋、营业税、补助款和其他收入等项目，而田赋又是其中之最，而所占份额较少的应数地方财产收入和地方事业收入。说明这十年间由本地产生的财政收入主要是从农业税收而来的，而地方性各项建设事业则没有太大起色，发展较为缓慢。同时，补助款收入和经收国家款项收入数额也比较大，尤其在1936年至1939年间数额最大，1936年占到年收入总额的1/6，而其余三年均占到全年收入总额的1/4。①此阶段正好处于抗战初期，此时中央对宁夏省这样算作战争大后方的省份列为战略要地，同时也说明宁夏本省自身的经济发展实力较弱，在财政上一直对中央有很强的依赖性。马鸿逵在一些会议发言中也经常提起这一点，他曾说："本省省级预算，原本紧缩编列，称经中央核定实行，唯以本省地瘠民贫，工商各业均极度萧条，所有省级收入，至为有限，一切开支，多赖中央补助。中央补助之各种款项，全年统计，为数260余亿元，在经费方面，按照核定之预算科目之开支，尚无何重大困难，惟各种临时费及事业费等项，因预算数字所限，终未免捉襟见肘。此后欲求本省各种新兴事业之推行顺利，实有待于中央多加补助。"②

此外，各年列入"其他收入"项目的数额多年来也一直居于高位，尤其在1937年竟然高达315万余元，占到当年收入总额的1/3。此项收入是派专人在宁夏省各县政府征收的，用以负担当时已经增加的警备旅和国民军训。宁夏土地贫瘠、民众困苦，负担如此巨额的军事费用，在当时显然是对民众的极度压榨，使得民众生活更加苦不堪言。综合来看，宁夏省在民国时期的财政系统中是一种畸形发展的收入结构形式，同时也是对宁夏在近代经济积贫积弱状态的一种证明。

从各时期支出表可以看出，所支出费用中行政费和省支军费数目都相

---

① 参见财政部财政编纂处编《财政年鉴三编》第7篇，第3页。

② 马鸿逵：《十年来宁夏省政述要》，民国宁夏省政府秘书处编，第三册，财政篇，1942年版，第160页。

当大，且在各年中数额都相对稳定，摆动幅度不大。说明在各年中财政的主要流向就是在行政管理方面和军队供给方面。这与当时宁夏连年战乱以及军阀政治大行其道是较为吻合的。支出项目中各年度数额均值最小的是卫生费，而且有一半年度数额都是空白，说明当时宁夏在公共卫生方面很不重视，投入很少且各年度极不稳定。此外，教育文化费虽然不是很高，但比起实业费等项目来说要高一些，按其占总支出的比例来算，平均值在33％左右，这比其他项目占总支出的情况要好很多。说明在此十余年间，宁夏省财政方面对于教育和文化方面的重视程度相对于建设费、实业费和党务费而言还是比较高的。从建设费的支出上看，显得很不合理，同样表明宁夏省的经济建设事业很不发达，同时在财政支出方面的支持力度也很小。综合来看，这样的财政支出结构既不能培养财源，发展本省经济实力，又在公共事业方面不予支持，使得宁夏省的总体发展极度艰难。财政的窘境并没有使军费支出减少，相反，巨额的军费支出平均占到总支出的50％。一方面没有持续发展的经济动力，另一方面又担负巨大的支出负担，这对宁夏而言，表现出极度的不协调，使得宁夏省与当时发达省市的经济实力悬殊，同时巨额的地方补助费用也成为国民党中央政府财政系统的负担。

民国时期宁夏省的赋税制度也经历多次变化，总体上对清朝及以前的赋税制度进行了变革，取得了一定成绩。建省之初，一切都沿袭旧制，无法根据地方不同情况进行税法改良。1933年以后，宁夏省政府加以整顿，对印花税、盐税、营业税以及地方税等都制定了一定征收办法，为增加税收制定了相应规范。但民国时期宁夏省的赋税负担仍然繁重，其中一方面是由于改革前存在的问题不可能一朝解决，另一方面也是由于民国后期中央政府对地方财政的把持所造成的。宁夏省的财政收入来源，除了以田赋为主要支撑外，还需要依赖其他各项税收。同时，在中央财政与地方财政的利益分配与均衡过程中始终存在冲突和相互争夺的情形，而地方财政虽然有一定的抗衡能力，但总体上仍然受到中央财政制度的制约和限制。

第五章

宁夏省地方教育行政制度(1929—1949 年)

第一节　建省初期教育行政制度初步形成

一　教育机构变革

清朝时期，宁夏初等教育多为书院，或称私塾，基本没有正规教育组织可言。民国时期，宁夏中学、宁夏师范相继建立，小学的数量也有所增加，但其课程设置几乎没有标准。1925 年甘肃省教育厅开始将宁夏道各县劝学所改为教育局，并将各校经费，划归县局管辖，当时教育局的组织在各县没有统一编制，一般都有局长、督学、事务员等人员设置。

从 1929 年建省以后，开始在宁夏省设置教育厅，实行宁夏省的教育行政。① 在教育行政的过程中，教育厅机构和人员设置一直在不断发生变化，在组织方面也一直在进行变革。自 1929 年春开始，国民政府就宁夏省教育厅长一职曾先后任命李世军、甄纪印、刘葆锷等担任。在刘葆锷任职教育厅长时期，教育厅行政设置为一室两科。其中一室为秘书室，专门

---

① 安涧：《宁夏教育现况纪略》，载于《西北论衡》第 5 卷第 6 期。

负责审核和草拟文稿，两科中第一科专门管理总务，第二科专门管理学校教育、社会教育及编审事项。职员设置有秘书主任、秘书、科长、办事员、书记等共计 17 人。

1933 年 3 月，厅长改任为葛武棨，厅内组织没有改变，另外增加督学一名，除办事员、书记以外，又设练习员，职员增加到 30 人。教育厅为使县教育行政更加健全，教育部门在县的设置也有一些变化，按照各县教育行政的繁简将县划分三等，一等局设局长、督学、事务员、书记各一人；二等局的人员数目与一等局相同，只是在俸给上有所差异；三等局人员数目较少，督学、书记各一人。[①]

宁夏县教育机构的发展也较为落后。1933 年以前，各县设有教育局，教育局设局长 1 人，县督学 1 人，文牍 1 人，局员 2 人，除督办全县教育以外，还从事经费的筹措和整理。当时事权并不统一，行政效率低下，县教育行政人员一直较为缺乏。

二　教育发展状况

宁夏建省前后，教育一直不发达，在教育方面投入较少，只在中等教育和初等教育中有一定基础，而高等教育、社会教育等方面基本上处于空白。

(一) 初等教育

从初等教育来看，宁夏自 1906 年，废除科举，兴建学校，遂将各县书院改为学堂，共有 6 所，包括宁朔县的维新小学、中卫县的应理小学、平罗县的又新小学、灵武县的钟灵小学、预旺县的蠡山小学、盐池县的灵文小学，都被改办为小学。同时各县士绅也自动将社学、义学改办为小学。此时即是马鸿逵所划分的第一期。1917 年以后，很多地方人士愿意出资捐助小学，宁夏的学校教育在原有基础上又取得了一定发展。到1923 年，因为初级小学毕业生程度过差，高级小学经常无法足额招到学生，学制从原来的四三制改为四二制。[②]

---

① 金律和：《宁夏今日的教育》，载于《开发西北》第 1 卷第 6 期。
② 参见民国教育部教育年鉴编纂委员会编《第一次中国教育年鉴》，第 467 页。

1929年宁夏建省后，初等教育设施粗具规模。全省有完全小学32所，初级小学205所，合计237所（见表5-1）。教职员工342人，学生共计6651人，毕业生共计1691人，全年经费58005元。1930年，完全小学增至34所，初级小学减少为197所，合计231所。教职员工359人，学生共计8063人，毕业生共计1255人，全年经费69341元，以后各年均有所变化①（见表5-2和表5-3）。

表5-1　　　　　宁夏省初等教育学校统计（1929—1933年）　　　　单位：个

年度	完全小学	初级小学	短期小学	合计
1929 年	32	205	未建立	237
1930 年	34	197	未建立	231
1931 年	38	206	未建立	244
1932 年	39	162	未建立	201
1933 年	42	147	未建立	189

资料来源：根据《十年来宁夏省政述要》（民国宁夏省政府秘书处编）第四册教育篇资料整理；民国教育部教育年鉴编纂委员会编：《第一次中国教育年鉴》，第467页。

表5-2　　　　宁夏省初等教育学校人数统计（1929—1933年）　　　　单位：人

年度	教职员工	在校学生人数	毕业学生人数
1929 年	342	6651	1691
1930 年	359	8063	1255
1931 年	394	8194	3539
1932 年	390	10313	2504
1933 年	408	9221	1592

资料来源：根据《十年来宁夏省政述要》（民国宁夏省政府秘书处编）第四册教育篇资料整理；民国教育部教育年鉴编纂委员会编：《第一次中国教育年鉴》，第467页。

表5-3　　　宁夏省初等教育学校全年经费统计（1929—1933年）　　　单位：元

年度	1929 年	1930 年	1931 年	1932 年	1933 年
经费	58005	69341	79572	119001	108820

资料来源：根据《十年来宁夏省政述要》（民国宁夏省政府秘书处编）第四册教育篇资料整理；民国教育部教育年鉴编纂委员会编：《第一次中国教育年鉴》，第467页。

———————

① 马鸿逵：《十年来宁夏省政述要》，民国宁夏省政府秘书处编，第四册，教育篇，1942年版，第92—94页。

在此期间，宁夏省的初等教育在设备方面极为简陋，同时教室桌椅、黑板、挂图和仪器等也极为缺乏。在教材方面，主要使用由中华书局和商务书局的教科书，其余还有《中庸》《大学》《上下论》《孝经》《千家诗》和《百家姓》，而音乐及工艺等课程教材几乎没有，也无自编教材。

（二）中等教育

从中等教育来看，学校数目相比其他省较少。据统计，在宁夏建省后，宁夏所拥有的中等教育类学校的数目和学生人数在全国位居倒数第四。[1] 在宁夏建省之前建立了4所中等教育水平的学校，其中甘肃省立第五中学于1916年设立，甘肃省立第八师范于1918年设立，蒙回师范于1919年设立，女子师范学校于1928年4月建立。1929年宁夏建省后，这些学校的名称也随之更改。原来"甘肃省立第五中学（校）"改称为"宁夏省立第一中学（校）"，原来"甘肃省立第八师范"改称为"宁夏省立第一师范"，原来的"女子师范学校"改称为"宁夏省立第一女子师范学校"，而原来的"蒙回师范"已经停办。建省后，还陆续建立了其他一些学校，1932年11月在中卫设立"宁夏省立第二中学（校）"就是其中一所。1933年又对一些学校进行了更名，其中"宁夏省立第一中学（校）"改称为"宁夏省立宁夏中学"，"宁夏省立第一师范"更名为"宁夏省立宁夏简易师范"，"宁夏省立女子师范"改为"宁夏省立宁夏女子中学"等。

（三）社会教育

在社会教育方面也较为落后。1929年全省社会教育机关共计22处，[2]以后逐年有所增加。

表5-4　　　　　　宁夏省社会教育统计[3]（1929—1932年）

年度	1929年	1930年	1932年
教育机关（个）	22	72	32

---

① 胡平生：《民国时期的宁夏省（1929—1949）》，学生书局1988年版，第392页。
② ［日］多智秋五郎编：《近代中国教育史资料》民国编下，文海出版社1976年版，第881页。
③ 《第二次中国教育年鉴》，第1245页。

续表

年度	1929 年	1930 年	1932 年
学生（人）	不详	1396	344
教工（人）	不详	110	63
经费（元）	不详	6427	12004

资料来源：根据《十年来宁夏省政述要》（民国宁夏省政府秘书处编）第四册教育篇资料整理；民国教育部教育年鉴编纂委员会编：《第一次中国教育年鉴》，第 467 页。

当时从形式上将社会教育划分为学校式的社会教育机关和一般的社会教育机关两大类。学校式社会教育机关主要包括民众学校、民众识字处、各种补习学校、孤儿贫儿教养院、低能学校、聋哑学校、感化学校、戏剧学校、注音符号传习所、体育传习所、社会教育人员训练所、民众教育人员训练所、剧词古书训练所等。一般的社会教育机关主要包括民众教育馆、图书馆、民众阅报处、博物馆、通俗演讲所、古物保存所、公共体育场、民众教育实验区、公共娱乐场、电影场、剧场、音乐会、公园、游泳池等。这些基础设施和场所，数量往往有限，且有一些中途即停办。

从宗教教育来看，1906 年随着北京开始倡导新式回民教育，马福祥也开始关注回民教育的革新。1918 年，在甘肃省教育厅长马邻翼的影响下，开始大力捐资创办清真小学、蒙回师范学校和蒙回教育劝导所。虽然规模不大，但为后期马鸿逵的回民教育的发展奠定了基础。

民国期间，宁夏省社会教育的设施简单，建省立民众教育馆一所，原有省立图书馆因书籍甚少，后来并入民教馆内。电化教育辅导处设备也较为简陋，且各项机件长久损耗，其干电池也没有补充购买，各校收音机没有装置。社会教育巡回工作团也因经费不够，工作基本处于停顿状态。

第二节 抗战前教育行政制度初见成效

一 教育机构变革

宁夏省教育机构在建省后有一定发展，初步形成规模。1935 年 3 月，厅长改任为童耀华，增加秘书 1 人、督学 2 人、小学巡回指导员 2 人。于原来第一、二两科外，增设第三科，将小学教育与编审从原来第二科中分离，交由第三科主管，职员增加到 39 人。1938 年 6 月，新任厅长没有到任，由省秘书长叶森代理厅长三个月，职员减少到 25 人。①

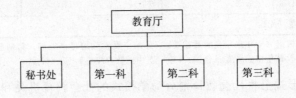

图 5-1　宁夏省教育厅机构设置（1935 年）

资料来源：根据《十年来宁夏省政述要》（民国宁夏省政府秘书处编）第四册教育篇资料整理；民国教育部教育年鉴编纂委员会编：《第一次中国教育年鉴》。

宁夏省政府对县一级教育机构也较为重视。到 1933 年 9 月，省政府下令将教育局裁并为县政府第三科，以此来统一事权。各县第三科长，统一由各县县长负责委用。② 此科设科长 1 人，科员 1 人，秉承县长命令，处理全县教育行政事务。后来，第三科除了办理教育事务之外，又同时兼办建设方面的事务。事务繁杂，人员不足，教育行政往往难以兼顾。

1935 年 11 月，各县又增设教育科员 1 人，协助县政府办理全县教育，推行以来，仍然效率不高。1936 年 2 月，省政府委员召开会议，会议决定仍旧在各县恢复教育局设置，由教育局专门负责各县教育工作，设局长 1 人，县督学 1 人，军训员 1 人，书记 1 人，办理年余，因人事问题，没有取得太大成绩。恢复教育局后，局长督学人选改由教育厅任用，受县长的指挥监督。1937 年 4 月，遵照中央规定，复将各县教育局改并为县政府第四科，设科长 1 人，督学 1 人，科员 1 人，书记 1 人。在盐池县、同心县和磴口县三县中，因为学校数量较少，所以只设教育科员 1 人。科长

---

① 民国宁夏省政府教育厅编：《宁夏省教育概况》，第 518 页。
② 马鸿逵：《十年来宁夏省政述要》，民国宁夏省政府秘书处编，第四册，教育篇，1942 年版，第 23 页。

仍然由县政府遴选，呈本府教育厅核审委任。

二　教育行政制度的发展

（一）视导制度

视导制度就是指为了规范视察和督导工作而制定的相关条目。宁夏省的视导制度在教育行政的初期是没有的，从1933年才开始制定并实施。当时省仅设督学1人[①]。因为是初期设置，且只有一人，所以在制度上并不严格，有些相关工作并没有完全展开，更多只是停留在形式上。

1935年3月，小学数目增多，为指导小学教学工作，提高小学教学质量，于是增设小学巡回指导员2人，加上原来的督学一共是3人。1936年2月，随着各县小学教育的发展，分别在宁夏、宁朔、平罗、中卫、中宁、金积、灵武等7个县各增设督学1人，通过由省到县组织结构的建立，视导组织日臻完备。此阶段宁夏省教育视导制度总体上不够规范，视导人员感觉不足，同时缺乏专业性，对教育的指导和督促缺乏力度。

（二）学区辅导制度

民国时期宁夏省教育理念极为落后，普通民众一方面由于生活所迫无暇上学，一方面虽身处新时代但并未感受到教育的重要性。回族民众在宁夏占有相当比例，而他们在历史上久已形成不上学的民风无形中也成为就学的阻力。对于已经入学的学生，往往也并不重视学业，升学率和毕业率在当时很难保证。为使得宁夏民众失学率降低，升学率和毕业率提高，所以在教育行政中除了视导制度的确立外，还确立了带劝学和辅导性质的制度——学区辅导制度。这种制度具体分三个方面，分别是划分学区进行辅导，在中心小学进行层级辅导，成立义务教育委员会。此阶段主要对学区进行了划分。在划分学区进行辅导方面，宁夏省政府其实一直都希望能够灌输"政治与教育"相融合的理念。从1936年开始，根据地方实际情形，以各县自治区为中心小学区，并以各区区长为自治区学董，以学区为单位推行义务

---

① 在前文教育行政机构改革中有所叙述。

教育，力图将义务教育普及全省。但因为没有经验，社会阻力大，加之部分学董敷衍了事，没有责任感，所以实施效果并不理想。

三 教育发展状况

（一）初等教育

1934 年宁夏省教育厅厅长曾在视察各小学情形后，总结了 3 点印象：

1. 学校多未开学，勉强开学者，学生人数亦寥寥无几；

2. 担任教职之校长教员，振作精神，热心教导者，固不乏人，而敷衍了事，态度萎靡者，实占多数；

3. 学校行政多不合法，经费开支亦欠妥当。

随后，教育厅立即针对以上 3 点开始整顿和纠正，并于 1934 年 8 月组织委员会来甄别小学教员，同时成立冬期讲习所，严令全省各小学校长教员，一律来所受训。到 1935 年，宁夏省开始推行义务教育，遵照中央规定，在第一期内，分年推设短期小学和普通小学。1937 年底又将短期小学改为普通小学。同期成立省县义务教育委员会，划分小学学区并设置学董。各年间学校数目、教职工和学生人数都有所增加，同时各年的教育经费也呈现增长趋势（见表 5-5、表 5-6、表 5-7）。

表 5-5　　　　宁夏省初等教育学校统计（1934—1939 年）　　　　单位：个

年度	完全小学	初级小学	短期小学	合计
1934 年	48	167	未建立	215
1935 年	51	178	64	293
1936 年	50	215	14	279
1937 年	42	169	停办	211
1938 年	43	177	52	272
1939 年	46	190	246	482

资料来源：根据《十年来宁夏省政述要》（民国宁夏省政府秘书处编）第四册教育篇资料整理。

表 5-6　　　宁夏省初等教育学校人数统计（1934—1939 年）　　　单位：人

年度	教职员工	在校学生人数	毕业学生人数
1934 年	508	13180	1125
1935 年	576	20548	1964
1936 年	598	18442	1873
1937 年	453	13612	1603
1938 年	453	18826	2023
1939 年	811	34624	2191

资料来源：根据《十年来宁夏省政述要》（民国宁夏省政府秘书处编）第四册教育篇资料整理。

表 5-7　　　宁夏省初等教育学校全年经费统计（1934—1939 年）　　　单位：元

年度	1934 年	1935 年	1936 年	1937 年	1938 年	1939 年
经费	221016	211780	236111	215501	250406	294670

资料来源：根据《十年来宁夏省政述要》（民国宁夏省政府秘书处编）第四册教育篇资料整理。

　　民国时期回民小学也有一定的发展。宁夏省回民几乎占到全省人口的半数，回族人因为宗教关系，对于教育一向不够重视。宁夏省为提倡回民教育，到 1936 年，在平罗县北长渠，金积县岔渠桥，灵武县崇与寨三地分别创立回民小学。[①]

　　（二）中等教育

　　宁夏省政府在此阶段的初等教育取得一定程度的发展。1934 年 9 月 1 日，宁夏省私立中阿学校正式开学。学校共招收 150 名学生，刚开始学校由马鸿逵私人出资，或派学生到各厅长及军政要人家募集，衣食住均由学校供给。学生按成绩分成两个部：小学部和中学部。小学部设初高级各两班，中学部设一班。另外，还在寺院中办了一个阿訇研究班，招收各地有名的中年阿訇 40 多名。中阿学校的课程为中阿并授。老师主要有：虎嵩山、苏盛华、王子忠、夏文选、马宗吉和张熙耀等。这所学校中的一些学生后来成为宁夏或当地伊斯兰教界、教育界、文化界及其他各界的知名人物。一年后，因为

---

　　① 金律和：《宁夏今日的教育》，载于《开发西北》第 1 卷第 6 期。

马鸿逵为争取到中国"庚子赔款委员会"的赔款来作为学校经费,于是将宁夏省私立中阿学校更名为公立的"宁夏省立回民师范学校"[①]。

此外,宁夏省教育厅还于 1935 年 10 月与卫生实验处合办宁夏省助产职业学校,但当时学生人数很少,只有 4 人;后来于 1936 年 11 月设立了宁夏初级职业传习所。这些学校在相关领域的中等教育中起到一定作用。

(三)高等教育

此时期宁夏省的高等教育人才的培养主要来自两个方面,一是指历年从各中等学校毕业的学生经宁夏省教育厅选送或者自行投考国内其他省专科以上学校肄业,二是指由宁夏省教育厅选派,赴国外留学并肄业的学生。

对于国内留学的学生,起初都是自费,后来省政府规定发放津贴,给予一定的补助。从 1930 年起开始规定发给津贴的办法,并规定名额为 20人,1933 年增加到 25 人,1934 年增加到 32 人。从 1933 年至 1937 年,各年均有学生被选送到国内各大学读书。同时,宁夏省政府公布施行《宁夏省国内专科以上学校省费补助生暂行规程》《宁夏省国内专科以上学校省费补助生回省服务办法》,并多次根据具体情况进行相应修订。其间,得到补助的学生总人数每年都有不同,其中人数最多时达到 32 人,最少时只有 12 人,平均人数为 22 人(见表 5-8)。

表 5-8 宁夏省国内专科以上学校省费补助生人数统计

(1933—1937 年) 单位:人

年度	1933 年	1934 年	1935 年	1936 年	1937 年
人数	25	32	28	13	12

资料来源:根据《十年来宁夏省政述要》(民国宁夏省政府秘书处编)第四册教育篇资料整理;民国教育部教育年鉴编纂委员会编:《第一次中国教育年鉴》,第 467 页。

在所就读的国内专科以上学校中,"国立中央大学"每年都有学生选送过去,而其他所选院校则只是在某些年度内有学生被选送过去。1933年至 1937 年主要集中在国立清华大学、国立师范大学、山西大学、北平民国大学、北平华北大学、北平平民大学、中央政治学校大学部以及天津

---

① 虎希柏:《虎嵩山与马鸿逵的三次合作办学》,《回族研究》2002 年第 2 期。

河北工学院等院校。在这些被选送外省就读的学生中能够毕业的人数很少，大部分学生因为种种原因根本无法毕业。这些毕业生中有些从事行政工作，担任厅长、县长、科长或者校长等职务；也有些在宁夏中学、宁夏省立实验小学以及宁夏中卫简师等从事教学工作。例如，1934年毕业于北平民国大学的贺自正担任宁夏贺兰县县长，1935年毕业于山西大学法律系的朱宪章担任宁夏省高等法院书记官一职，1937年毕业于国立中央大学体育系的李伯动成为宁夏省立宁夏简师的一名教员等。[①]

第三节　抗战期间教育行政制度发展缓慢

一　教育行政机构变革

1939年之后，教育厅机构从上到下的变动较大，分工愈加细致。8月，新任厅长骆美奂扩充原有组织，另设视导室及特种教育股。一室三科各增设两股，其中秘书室增设文书、人事两股：文书股主管典守印信、保管卷宗、收发缮校文件及会议记录事项；人事股主管教育工作人员的登记考核及集训调遣事项。第一科增设两股，第一股主管本科文书之撰拟，全厅事务的处理及公产公物的清理保管事项；第二股主管经费出纳审核，预决算之调制及教育款产之清查整理事项。第二科也增设两股，第一股主管中等教育及省外和国外的求学事项；第二股主管有关社会教育事项。第三科增设两股：第一股主管县教育行政；第二股主管有关国民教育事宜。视导室除设督学主任1人，督学1人，体育童军视导员3人外，又增设县国民教育视导员8人，负责视导省县教育事宜。特种教育股增设特教视导员1人，专门负责特种教育行政和视导工作。同时又设立了教育经费经理委员会、中央协款保管委员会、中等学校训育主任公民教育资格审查委员会、教育工作考绩委员会、中等学校统一招生委员会、中等学校学生毕业统考委员会、小学教员检定委员会等各种委员会。

---

①　马鸿逵：《十年来宁夏省政述要》，民国宁夏省政府秘书处编，第四册，教育篇，1942年版，第60—64页。

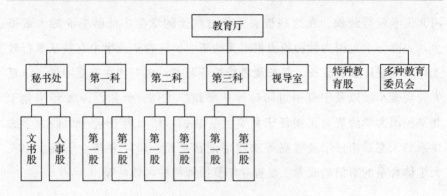

图 5－2　宁夏省教育厅机构设置（1939 年）

资料来源：根据《十年来宁夏省政述要》（民国宁夏省政府秘书处编）第四册教育

篇资料整理；民国教育部教育年鉴编纂委员会编：《第一次中国教育年鉴》。

部门分工细带来的好处是各司其职、各负其责，但同时也带来很多的问题。由于部门划分较多，办理事务时经管单位增加，而且分管单位之间容易相互推诿，造成行政效率低下。同时，机构增加后，职员人数也明显不足。1941 年宁夏省教育厅各部除视导室外，其余第一、第二科各有职员 4 人，第三科有职员 5 人，秘书室职员虽有 14 人之多，但除了综合文件占用 3 人，书缮文件占用 5 人，整理档案占用 3 人，收发校对占用 2 人外，处理室内日常事务及拟办例行文件者仅有 1 人。①

到 1942 年 1 月，厅长由王星舟继任，机构设置又有所变动。从 1943 年 1 月起，在原有基础上在厅内增设第四科，这样教育厅机构由原来的一室三科变为一室四科。这是因为原来教育厅第二科掌管事务太过繁多，包括高等教育、中等教育、社会教育、边疆教育、特种教育、电化教育等，常常顾此失彼。所以将社会教育和边疆教育等事宜专门分离出来交由第四科主管。但由于"人选困难，除第一科增职员 3 人，编审室设专任编审主任 1 人外，其余各科室职员均未增加"。② 由于机构庞杂，人手不足，很多工作经常出现疏漏，进行起来较为困难。此外，教育厅在人员任用上长期

---

① 参见民国政府教育部编《三十一年度各省市教育施政计划汇刊》，第 151—152 页。

② 参见民国政府教育部编《三十二年度各省市教育工作总检讨汇刊》，第 269 页。

缺乏专管统计的人员,统计工作大多都废止了。到 1944 年,教育厅调整人事,增设会计室负责会计工作。1945 年王星舟辞职后教育厅厅长一职经常变动,而机构设置的变革也随之停止。[①]

抗战时期的县级教育机构受到战争影响比较严重。1939 年 4 月,县政府经费不敷分配,各县督学又进行裁撤。于是由第四科科长兼办督导职务。1940 年省政府为充实县教育行政机构,并便于督导地方教育,再次恢复了宁夏县等 7 县的县督学一职,对于同心县和磴口县,学校数目也增加较多,所以原有的教育科员 1 人,不能胜任,于是按照宁夏县的组织形式进行增设,改设第四科,设置科长 1 人,书记 1 人,县督学暂缓设置。对于陶乐设治局,原来没有学校设置,也没有教育行政人员,1940 年,新建小学 4 所,于该局第一科内,设置教育科员 1 人,县行政机构也初具规模。同年,依据县各级组织纲要,各县区设置建教指导员 1 人,各乡(镇)设置建教员 1 人,各保设保干事 1 人,以便督办地方教育。从民国时期宁夏省教育机构改革来看,总体上随着教育的发展,需要管理的教育事项也越来越多,所以教育机构的分支自然也越来越多,职员人数逐渐增加。由于处于初建阶段,在机构调整、人员设置上都多有变动,在行政过程中也暴露出不少问题。

二　教育行政制度变革

(一)视导制度

抗战开始教育行政制度的情况发生了一定的变化,人员和物资都极为紧缺,到 1939 年 4 月,终于因为经费问题,将各县所设督学全部裁撤。视导组织改由教育科长兼任,视导工作相比以前变得越来越不正规。同年 9 月到 12 月,为加强视导工作,将各科室职员分散到各县普遍进行了第二次视察工作,同时还增派了两名义务教育视导员对各县新增短期小学进行视导工作,增派主管科长对各个中等学校进行视导工作,对于所开展的

---

① 参见《各省市现任教育厅局长一览》,《教育通讯》复刊第 5 卷第 1 期。

视导工作由省一级分别予以指示。

当时新到任的教育厅厅长洛美奂认为必须要严格确立视导制度才能将视导工作真正推行开来。此后，在省教育厅厅长的提议下，于 1940 年 3 月设立视导室，由督学主任主持，专门负责全省教育情况的视察工作，同时依据视导方案将宁夏全省分为 6 个视导区：第一区包括平罗县、磴口县和陶乐县，第二区包括宁夏县和宁朔县，第三区包括金积县和灵武县，第四区包括中卫县和中宁县，第五区包括盐池县和同心县，第六区包括阿拉善旗。在各区分别派设驻区督学或驻区视导员 1 名进行巡回视导工作，一般要求每学期要视导 3 次。同年，洛美奂厅长亲自到中卫、中宁、金积、灵武、盐池、同心等县进行视察和督导工作，同时所有视导人员在各区和各中等学校也认真开展巡回视导工作，各级学校在视导工作的督促下也都有很大改进。① 同年 8 月，教育厅增添 8 名义务教育视导员（后更名为国民教育视导员），由教育厅直接管辖，将他们派驻到各县进行视导工作，工作开展了一年多后，教学质量有了较大改善。② 1941 年视导室职员设置又有所增加，其中督学主任 1 名未变，增设督学 2 名、特教视导员 1 名、省国民教育视导员 3 名、驻县国民教育视导员 10 人、驻县国民教育督察员 8 人，以此视察督导全省教育。③ 到 1942 年因为经费紧张，只好将原有的驻县国民教育督察员全部裁撤，另增设视导员 2 名。同时，为了使视导工作效率更高，将原来的 6 个视导区重新划分为 5 个，即平罗、贺兰两县为 1 区，惠农、陶乐、磴口三县为 1 区，永宁、宁朔两县为 1 区，金积、灵武两县为 1 区，中卫、中宁两县为 1 区，每区只派视导员 1 名前往视察，对于同心和盐池两县的视导工作划归特殊教育办理。

据统计，在 1942 年一年内共视导了中等学校 5 所，国民及中心小学 436 所，其中包含中心学校 29 所，图书馆及民众教育馆各 1 所。此年度在

---

① 参见民国宁夏省政府教育厅编《宁夏省教育概况》，第 518 页。

② 马鸿逵：《十年来宁夏省政述要》，民国宁夏省政府秘书处编，第四册，教育篇，1942 年版，第 16 页。

③ 参见民国政府教育部编《三十年度各省市教育施政计划汇刊》，第 152 页。

对视导工作进行总结时提出各级学校大部分都能根据视导员提出的意见和建议进行改进和提高,同时有些学校也反映师资缺乏的问题很难改善。在视导工作进行过程中,因为经费的限制,视导组织所需旅费较难解决,使得视导工作受到一定影响。① 到1943年,督导工作组织变化不大,只是将省国民教育视导员从原来的3名增加至7名。此年度共视导了9所中等学校,431所中心学校和国民学校,11处社会教育机关。此年度因为经费更为紧张,视导旅费一再缩减,使视导工作的开展变得很困难。

因为处于战时特殊时期,常常因为经费紧张而使视导工作中断甚至停止。但是,民国时期的教育视导制度毕竟作为一种较为先进的教育机构附设制度之一建立并实行起来,为后续的制度改进和视导水平的提高积累了一定经验和教训。

(二)学区辅导制度

此阶段学区辅导制度主要从三个方面发展:

第一个方面是在划分学区进行辅导方面。1939年秋季,采用市县划分小学区的办法重新划分学区,这次划分以地方自治组织为单位,以联保为小学区,以自治区为联合小学区。在联合小学区内设学董1名,由区长兼任,小学区设助理学董1名,由联保主任兼任,专门负责在本区内进行劝学工作,同时对区内学龄儿童强迫入学。②

第二个方面是在中心小学实行层级辅导。宁夏省教育厅从1937年开始命令各县将每区完全小学指定为中心小学,校长兼任该区教育委员,负责本辅导区之内的各初级小学和短期小学的相关工作,试办一学期后,并未取得任何成绩,第二学期仍然改回普通小学。到1939年第一学期,重新开始中心小学制的试办,另行划分辅导区,计全省各县共选择优良完全小学17所为中心小学。在每个学校增设科任教员1名,校长专门负责本县区内各级小学的辅导工作,同时,拟定《学区学董服务规程》《中心小学暂行规

---

① 参见民国政府教育部编《三十二年度各省市教育工作总检讨汇刊》,第284页。
② 马鸿逵:《十年来宁夏省政述要》,民国宁夏省政府秘书处编,第四册,教育篇,1942年版,第28页。

程》及《辅导初等教育纲要》，并通令各县从 1940 年 2 月开始实行。① 由此每县以中心小学为核心各设置 4 个联合区，每个联合区设置学董 1 名进行管理。每个联合区下再分设出若干学区，每个学区各设置助理学董 1 名进行管理。学区数目视情况而定，最少的是 3 个，如金积县的四个联合区都各设 3 个学区；最多可以达到 9 个学区，例如中卫县第一联合区共设 9 个学区。同一县中不同联合区所设学区数目除了金积县外，其他县数目均不相同。

第三个方面是成立义务教育委员会。此委员会的创办主要是为了积极推行各县义务教育，同时也为了更便于视导工作的进行。遵照中央规定，宁夏省教育厅拟定了《义务教育委员会组织规程》，并呈准宁夏省政府备案，最终定于 1940 年开始在各县成立义务教育委员会。除了同心、磴口、盐池三县委员会暂时由县政府主管科员人员兼职代办外，其他各县专门设干事兼视导员 1 名，以资协助。② 后来县义务教育委员会被改组为县国民教育研究委员会专门负责协办全县的国民教育工作。③

（三）师资审查、检定和登记制度

宁夏省不仅师资缺乏，而且教师素质较低，为提高教师知识水平和教学能力，曾举办过教师审查、检定及登记等项制度，从中择取合格者予以录用。这样，一方面可以向社会明确教师的录用资格，另一方面可以避免师资队伍中良莠混杂给教学和管理工作带来的隐患。

在审查、检定及登记制度中，每一项都有一定的操作方法。所谓审查，就是从 1939 年 8 月开始，凡属于当时任职教师的，一律办理资格证件以备审查。"合格者予以证书，不合格者，令参加试验检定，或予以短期训练。"④

所谓检定，就是指对中小学教师按照一定的标准进行教学检查，根据

---

① 参见民国宁夏省政府教育厅编《宁夏省教育概况》，第 20 页。
② 同上。
③ 参见《宁夏省实施国民教育五年计划》，《宁夏教育》第 1 卷第 2 期。
④ 马鸿逵：《十年来宁夏省政述要》，民国宁夏省政府秘书处编，第四册，教育篇，1942 年版，第 17 页。

其是否合格给出检定结果。1940年4月，对宁夏省小学教师检定委员会进行重组，依照《修正宁夏省小学教员检定办法》分别进行检定。[①] 对于宁夏省当时任小学教员或者志愿为小学教员的，依照《小学规程》第62条，按其资历分别予以无试验和试验检定。对于符合规定的可以免于检定，即确定为无试验。无试验者随时可以办理，其他教师必须要进行试验检定。

所谓登记，就是指原任职教师志愿登记，凡是原来在学校任职的教师，不论性别，只要登记合格就可以按照资历高下分别被不同学校录用。1939年9月登记合格的有21人，1940年5月登记并考试及格的有9人，这些教师先后被分发到各县的短期小学参加教学服务工作。此项登记制度一直到1943年都没有中断。[②] 1943年至1946年全省共有师资1237人，1947年扩大教育规模，增加多所高级学校，师资的需求也相应增加，总计需要增加242名教师。为了满足需要，从各个师范学校的毕业生中补充100人，通过登记制度增加教师50人，再通过短期训练可增加100人，这样算下来一共250人，与实际需要基本一致。

1940年7月通过筛检，结果免于检定的教师共有206名，其中完小无试验检定者157名，初小无试验检定者49名。对于其他教师，在1940年7月18日至20日举行了一次试验检定，参加人数总计358名，检定结果大致为录取中心学校合格教师264名，国民学校教师149名。完小试验检定合格者86名，初小试验检定合格者103名。同年度，宁夏省中等学校教员资历审查及无试验检定也按规定举行，第一学期中学及简单师范学校在任教员共29名，应收无试验检定者12名，应收试验检定者17名。第二学期中学、简单师范学校教员有很多改聘教员，连同初级实验职业学校教员共有41名。审查结果显示应收无试验检定的有18名，其余因为来自战区，证件有很多都在战乱中遗失了，所以按照规定都需要重新进行试验

---

① 马鸿逵：《十年来宁夏省政述要》，民国宁夏省政府秘书处编，第四册，教育篇，1942年版，第17页。

② 同上书，第16页。

检定。①

（四）师资培训和外借制度

1941 年前后，宁夏省各中心学校和国民学校现有师资与实际需要相差太大。据统计，1941 年全省教师共有 942 名，除了经过试验检定的合格教师 555 名以外，还有 40％的代用教师。② 同时，当时所定的检定标准偏低，被录取的人员对所任职务不能完满完成。各校教师补充已经成为宁夏省教育当务之急，此后教育事业扩充，极易发生师荒的现象。补救之道，一为增加师范学校数量，提高师范生待遇，限制师范毕业生服务年限，以加强师范教育；二为提高教师待遇，造成尊师重道风气；三为督促教师进修，实行教育辅导；四为保送学生升入师范学院或大学教育院系，并特别予以补助；五为办理各项短期师资训练及社教工作人员训练；六为请中央特派或分发师范学校院系毕业生来宁省服务。③ 同时，为加强教师工作效能，提高教师服务精神，实行了相关训练与讲习活动。宁夏省先后举办训练团、训练班及讲习班、讲习会等。同时，教育厅还举办了一些辅助性的教育活动，如社会教育扩大运动周、师范教育运动周、文物展览会、儿童节纪念会、音乐节演奏会、体育节体育活动等。

为弥补宁夏省师资缺乏的状况，民国时期宁夏省还采取了"借纳外材"的方法。1940 年春，宁夏省政府特地呈请教育部选派战区教师来宁夏服务。经教育部核定，由陕西、甘肃两省选派第一、第二、第六和第八战区教师服务团团员共 160 人来宁夏服务，组织成第十服务团，所有薪俸旅费均由教育部发给。该团成立于 1940 年 5 月，但是部分被选团员并没有到宁夏，截至 1941 年 12 月仅到团员 80 人，占应到人数的一半。这些"外材"分别被派往各县各机关学校进行服务，但是因为与实际所需相比教员仍然不足，于是又呈请教育部继续选派。此外，民国宁夏省因中等学

---

① 参见民国宁夏省政府教育厅编《宁夏省教育概况》，第 12 页。
② 参见民国政府教育部编《三十一年度各省市教育施政计划汇刊》，第 154 页。
③ 参见王星舟《论宁夏教育之建设》，《宁夏教育》第 1 卷第 2 期。

校师资缺乏，历年还向外地遴选聘任。1943年间向外地聘请的教师中，来自重庆的有2名，来自西安的有7名，来自绥远的有2名，来自兰州的有1名。[①] 宁夏省教育厅长王星舟1944年2月曾指出，宁夏省国民学校教师，每年转业或离职的占五分之一，中等学校教师约占七分之一。1945年8月，抗战胜利后，宁夏省还从军队中选出教师。通过对原来驻防宁夏省境的第十七集团军中的退伍官员进行考查，其中学资比较优秀的约有177人，由教育厅予以短期训练后分别派往各学校充任教师。

三　教育发展状况

(一) 中等教育

由于抗战开始，许多学校受到影响而被迫停办。1934年创办的中阿学校（后改为"宁夏省立回民师范学校"，1937年又改为"省立云亭师范"）最终于1937年冬天停办。原来创办的宁夏省助产职业学校，到1937年停办过一次。[②] 最初设立的宁夏初级职业传习所，于1938年10月被私人接办。1937年11月，为适应实际需要，将中卫初中改为中卫简易师范。例如，1938年11月，省立宁夏女子中学学生人数过少，而且时局纷乱异常，只好宣布停办。后来宁夏省政府虽欲将其改设为宁夏省立女子职业学校，但一直未能实现。[③]

1938年之后，各中等教育类学校校址开始频繁更动。在1938年夏天，时局紧张，为便于教学、节省经费起见，将宁夏中学、宁夏简师、中卫简师3所学校联合办理，改称为宁夏省立联合中学，分中学和简师两个部分，并将校址迁至中卫县城办理。1939年8月，再次将原来各校从联合中学分设出来。省立宁夏中学迁至金积县，借当时该县董府作为临时校址，而省立宁夏简师迁至宁夏金积县借金积县第一小学作为临时校址，同时，宁夏省立中卫简师仍在旧址。还有其他一些学校也因为种

---

① 参见民国政府教育部编《三十二年度各省市教育工作总检讨汇刊》，第270页。
② 叶祖灏：《宁夏的今昔》，台湾"商务印书馆"1969年版，第204页。
③ 民国宁夏省政府教育厅编：《宁夏省教育概况》，第32页。

种原因不断变动校址。1940 年 3 月，设立宁夏省初级实用职业学校和省立高级助产职业学校，其校址分别在省垣八里桥和省垣教导团。1940 年 8 月宁夏省初级实用职业学校校址从省垣八里桥迁至省立宁夏中学至宁夏县新城，次年改名为国立宁夏实用职业学校。1940 年恢复原省立宁夏女子中学为宁夏省立女子简易师范，校址在省垣西门外龙王庙，之后宁夏简师又迁至金积县董府。1941 年增设了中卫初级中学、惠农初级中学和私立贺兰中学各一所，校址分别在中卫县城、惠农县黄渠桥、永宁县王洪堡。① 1941 年 8 月宁夏省立宁夏中学和宁夏简师都迁回原址，而且宁夏简师又再次更名为宁夏师范学校。宁夏女子简师迁至省垣前实验小学旧址。②

（二）高等教育

在所就读的国内专科以上学校中，基本集中在 1937 年至 1941 年间的主要有国立西北大学、国立西北医学院、国立西北农学院、国立西北工学院、国立西北师范学院等西北院校。③ 对于赴国外留学的学生，民国期间宁夏省专门颁布了《选派国外留学生暂行规程》，以期通过国外留学机制也能在一定程度上弥补宁夏省高等教育的缺失。但是由于宁夏省民众思想保守，加之连年兵荒马乱，经济条件落后，很少有人愿意到国外留学，使得宁夏省留学议程的实施效果大打折扣。截至 1941 年，宁夏省只有 4 名学生去国外留学，其中 1 名是由清华官费资助去美国芝加哥大学师范学院留学，另外 3 名是自费去往日本留学，后来增加至 5 人。其中，赴日本留学的王含章曾任宁夏省临时参议会议员，孙俭曾任候补参议员。④

（三）社会教育

抗战期间，社会教育在原来的基础上也有一定变化（见表 5 - 9）。

---

① 马鸿逵：《十年来宁夏省政述要》，民国宁夏省政府秘书处编，第四册，教育篇，1942 年版，第 60—64 页。

② 同上书，第 80—84 页。

③ 同上书，第 60—64 页。

④ 叶祖灏：《宁夏的今昔》，台湾"商务印书馆"1969 年版，第 204 页。

表 5 - 9　　　　　　　　**宁夏省社会教育统计**[①]（1942—1943 年）

项目	1942 年	1943 年
教育机关（个）	39	16
学生（人）	718	217
教工（人）	271	47
经费（元）	883000	221900

资料来源：根据《十年来宁夏省政述要》（民国宁夏省政府秘书处编）第四册教育篇资料整理。

1942 年增加了相应的教育机关，但由于战争影响，一年后，很多教育机关停办，使数量骤减，从 39 个减少到 16 个，减少了近三分之一。相应地，学生和教工人数也大量减少（见表 5 - 9）。此时的教育机关主要包括民众学校、民众识字处、各种补习学校、孤儿贫儿教养院、低能学校、聋哑学校等。

第四节　抗战后教育行政制度的恢复

宁夏省中等教育类学校抗战后又陆续增设，直到 1947 年已经增为 18 所，其中包括 8 所中学、师范学校 7 所、职业学校 3 所。在这些学校当中，中学包括省立宁夏中学、省立女子中学、省立中卫初级中学、省立惠农初中、私立贺兰中学。师范院校包括宁夏简易师范学校、省立中卫简易师范学校、省立宁夏女子简易师范学校、国立绥宁师范学校。职业学校包括省立宁夏初级职业传习所、省立宁夏初级实用职业学校、省立宁夏助产职业学校、省立宁夏高级农业学校等。

此外，到 1947 年，全省计有在学儿童 39400 余人，约占学龄儿童总数的 45％。[②] 对比 1931 年的数据，当时接受义务教育的儿童占学龄儿童总数的 5.62％，[③] 提高了 39.38％，几乎达到原来的 9 倍多。前后两次数据对比，可以看出民国时期宁夏省在初等教育方面的发展。但因一般民众

[①]　《第二次中国教育年鉴》，第 1245 页。

[②]　参见《教育通讯》复刊第 3 卷第 9 期。

[③]　《申报年鉴》（民国二十四年），第 1037 页。

生活清苦，无力送子弟入学，同时物价高涨，教员待遇低，师资物色也极为困难，多数学校学生均不踊跃，仍然有 55％的学龄儿童未入学校。[1] 在社会教育方面，到 1946 年教育机关数量与 1943 年相比有所增长，增加到 24 个，学生和教工人数分别增长为 411 人和 140 人，相关教育经费增长到 3621164 元。纵向来看，与 1930 年相比，经费增长明显，而机关数目和教育规模变小了，其中部分原因是由贪污腐败造成的。

第五节　小结

宁夏省的教育行政正式开始是在 1929 年设置教育厅之时。在高等教育、中等教育、初等教育以及社会教育等各个方面都发展极为缓慢。其中初等教育和中等教育相对较好，而高等教育和社会教育严重滞后，有一些机构在发展过程中还出现数量减少甚至彻底消失的现象。民国时期宁夏地方教育行政制度包含相关行动者的互动过程中的复杂关系，包括权力与机构的结构、教育行政部门与学校的结构关系等。这些关系往往从深层决定着教育行政活动在组织形式、权力结构以及运行方式等方面的发展动向。

---

① 参见民国政府教育部编《三十一年度各省市教育施政计划汇刊》，第 198 页。

第六章

民国时期宁夏省地方行政制度评述

第一节　行政制度变迁过程的阶段划分

　　基于制度的历史性这一角度而言，任何具体制度内本身都具有特殊性和本土性。[①] 当形态各异的行政制度同时存在于一个历史阶段时就构成了行政制度的共时性特征；同时，也要注意到行政制度在调整和完善中不断出现各种创新和变异，从而使行政制度的变迁过程构成了行政制度的历时性特征。综合考虑宁夏地方行政制度的共时性和历时性特征，考察社会互动过程中制度演化的历史轨迹，同时关注其与社会文化及观念的内在联系，才能将制度变迁的现实过程联系起来进行深入的研究和分析。

一　生成阶段（1929—1933年）

　　任何制度都是在动态的、具体的社会性因素下影响而形成的，它体现着

---

　　① 朱富强：《制度研究范式的现实分析思维——制度变迁和路径依赖问题》，《制度经济学》2012年第1期。

众多相关者的社会性互动，同时，其中任何单一个体的力量所起的作用往往是微不足道的。鸦片战争中，中国紧闭的门户被炮舰轰开，中国市场也在不平等条约的限制下被迫开放，西方的贸易制度和国际法观念渗入中国。传统社会中的制度平衡状态完全被破坏，以自给自足为主要特征的经济结构受到严重影响，"中国的打不破的自足发展体系终于被打破，天朝的神圣不可侵犯的王权终于被侵犯。中国开始被纳入了资本主义世界体系。"① 整个社会开始进入为寻求新的制度平衡状态而变化，从经济制度到政治制度，无一例外地进行演变。此时"经济的转型主要表现为传统经济结构逐步瓦解，资本主义近代工业从无到有的形成和发展"②，而在政治上，传统政府的职能体系越来越无法与经济发展相适应，制度的供需平衡状态被打破，社会各阶层对制度提出新的要求，需要建立新的制度的供需平衡。

为适应经济的发展变化，晚清以来对制度变迁起主要作用的清政府作为"第一行动集团"开始行动，他们试图通过政治体制改革恢复制度的均衡状态，以政府命令和法律形式进行"自上而下"的强制性制度变迁。1901 年初宣布实行新政，1906 年 9 月宣布预备立宪，1908 年 8 月又公布了《钦定宪法大纲》。在改革中一方面继承了传统行政体制的内核，另一方面也吸收了西方资本主义国家政治制度中可资借鉴的部分。尽管如此，社会矛盾仍然此起彼伏，在西北地区回族宗教势力与军事势力日益结合，以马占鳌为首的回族军事实力派由回民起义军转变为回族军事力量，从政府的敌对势力转而成为政府镇压西北回族地方需要依赖的地方军阀，并进一步向西北高层统治机构渗透，为后来西北回族军阀控制甘、宁、青政界奠定了坚实基础。

二　确立阶段（1933—1937 年）

从清政府到北洋政府，政府的权威逐渐削弱。民国建立初期，"中央

---

① 罗荣渠：《现代化新论——世界与中国的现代化进程》（增订版），北京大学出版社 1993 年版。

② 陈国庆：《中国近代社会转型研究》，社会科学文献出版社 2005 年版，第 23 页。

政权的更替主要在于各派政治武装集团的实力，地方军人势力更加猖獗，掀起一次又一次的政治波澜"①。此时政府逐渐由制度变迁的"第一行动集团"变为"第二行动集团"，地方势力开始充当"第一行动集团"，由于期待着新制度所带来的获利机会，开始"从下而上"自发倡导、组织和实现诱致性制度变迁，使地方主义和军阀势力日益结合。西北地区许多民众也通过参加马家军得以在政治生活中发挥作用，回族军阀集团中既有宗教人物也有众多的非宗教人物，逐渐开始掌握了甘宁青各地方政权。在宁夏，马福祥逐渐官居要职，成为在西北地区重要的回族人物之一。

随着南京国民政府的成立，表面上继续推行三民主义以继承孙中山遗教，在其改革方案中也提到一系列政治民主化举措。他们试图建立一种法制下的新体制，但由于这一过程同样需要依赖于权威的运用。再加之外来模式和理论原则众说纷纭，包括中央集权模式的回归、联省自治时期对联邦制和地方分权制的尝试、国民党统治时期对均权模式的鼓吹等，使得中国行政制度和行政组织结构没有既定可遵循的模式。学者们有关地方自治②的许多理论成为一纸空谈。此时，南京国民政府开始充当"第一行动集团"，他们不但没有削弱自己的政权权威，反而在事实上使其不断增强。1927 年蒋介石独揽国民党军政大权，1928 年底在全国实现了形式上的"统一"。为了强化其专制集权统治体系，蒋介石还提出"以党治国""以党治军"的旗号。经过近十年的统治，"中央政府似已稳操政权"③。

为笼络宁夏地方势力，同时将西北军阀势力分而治之，国民政府在宁夏单独建省，进行行政建制的变更。此外，针对中国地方行政制度，也参照近代西方与日本的地方行政制度进行了一系列改革。国民党内部政治派系不断争斗，新军阀之间的混战频频爆发，各地地方性小军阀各据一方。刚刚单独建省的宁夏在连年不断的各派系军阀混战中饱受煎熬，更加贫

---

① 李国忠：《民国时期中央与地方的关系》，天津人民出版社 2004 年版，第 365 页。
② 民国行政院县设计书委员会主编：《总理地方自治遗教》，1930 年版；陈柏心著：《地方自治与新县制》，1942 年版等。
③ 费正清：《剑桥中华民国史》（下卷），中国社会科学出版社 1993 年版，第 184 页。

困。同时，省政府机构设置频繁更动，宁夏建省初期推进行政制度的变革大部分只停留在口号上和书面上，并没有真正得到落实。南京国民政府建立之初，在地方行政制度设计时有许多不够完善及存在着需要继续调整的地方。而宁夏又刚刚独立建省，所以宁夏的行政制度就一直处在不断调整的状态中。如宁夏省政府除了四厅一处（即民政厅、财政厅、建设厅、教育厅和秘书处）外，还逐年根据事务需要设置了其他各类省级行政机构及附属机构。宁夏省政府主席也频繁更换，1929 年 1 月正式成立宁夏省政府时主席是门致中，到 1929 年 7 月便由吉鸿昌接任，1930 年 1 月又重新任命为马鸿宾，1930 年 2 月又重新任命马鸿逵为省政府主席，但由于当时马鸿逵没有赴任，一直由马福寿代理，到 1931 年 12 月马鸿宾自任宁夏省主席，直至 1933 年再次任命马鸿逵为宁夏省政府主席。除了省政府主席频繁更换外，省政府组织也频繁改组，成员频繁变动。同时，民政厅、财政厅、教育厅和建设厅这四厅的行政机构也不断根据事务的繁简，酌情对所主管的各科数目和所属人员进行增减。此外，在财务行政制度、教育行政制度和人事行政制度方面也在不断的变革和调整中。

三　调整阶段（1937—1945 年）

直到 1933 年由马鸿逵出任宁夏省政府主席后，才进入相对稳定的时期。在从 1933 年至 1937 年的发展过程中，地方行政制度的建设在一定程度上向规范化方向发展，同时，马鸿逵对宁夏地方行政职权的掌控也得以巩固和加强。面对不断加强的国民政府的控制和指挥，宁夏回族军阀和各派系聚集在一起，进一步强化了地方势力。同时，马鸿逵在宁夏各县区积极倡导推动伊斯兰教教育的改良，在实质上对宁夏地方行政制度发展起到了一定的积极作用。

1937 年之后，国民党内部的政治斗争也不断加剧，中央与地方政府之间行政权力的争夺更为明显。地方势力不断增强，独裁统治政权虽然变得更加专制，但中央政府对于地方的控制力明显减弱，政府对于社会的整合能力也严重降低。此时，地方势力再一次充当"第一行动集团"，寻求新的制度上的获利机会，促进从下而上的制度变迁。

四　终结阶段（1945—1949 年）

宁夏受到战乱的影响，宁夏省行政机关的组织结构多次变动，尤其到了 1948 年以后，省政府的各类机构基本都开始以军事战争为主，许多行政职能已经无法正常实现。这种情况一直持续到 1949 年 9 月马家军瓦解，宁夏人民政权建立。

由于中央政府和地方军政势力对新制度存在的不同需求，制度均衡的状态被打破，又不断重新找到均衡，成为地方行政制度不断根据二者的需求进行变迁的主要动因，激进性和强制性是其主要特征，其变迁结果是达到了一种动态的制度均衡局面，这是近代中国社会各种因素共同作用的结果，是宁夏行政管理史中较为重要的一个历史阶段。

第二节　行政制度中重要的行政措施

在民国宁夏地方行政制度的变迁过程中，施行了相应的行政措施，其中有一些起到重要的作用，不仅是当时宁夏省政府及地方行政组织重要的变革，而且对民国以后甚至是解放后的宁夏地方政府的发展都具有重大意义。

一　宁夏单独建省

在民国时期，甘宁青分省是西北社会的一个突出事件，对宁夏地方行政制度的发展以及地方政治的转变起到了较大的促进作用，正如罗兹曼所言："中国通过在政治上的决断可以达到某些方面的近代化。"①

对于分省而言，符合当时各方力量的多方面要求。

（一）国民党中央政府加强中央集权的要求

宁夏单独建省是国民党提出的"缩小省区论"在地方上的实践，同时

---

① 吴孟显：《宁夏建省前后的市场结构》，《宁夏社会科学》2011 年第 4 期。

也是在这一时期国家权力扩张的重要表现形式。1928 年，国民政府初步实现国家统一，国家政权力量虚弱，政治局势不稳定。通过缩小省区，削弱地方势力，并使各地方势力集团之间相互牵制，从而实现加强中央集权的目的。

（二）和平方式削弱西北军事集团势力的要求

南京国民政府想夺取地方军政大权，但鉴于西北地区地方势力较大，为避免民族矛盾和仇杀，就必须采用平和的政治手段来进行。为此，南京国民政府设计了一个很好的思路，先将宁夏、青海地区从甘肃省分出，划为两个独立省，然后再由中央政府重新任命省行政机构成员，从而合法地以西北军取代马家军。

（三）加强边疆安全的要求

在地区局势紧张之际，宁夏地区成为边防重镇。1928 年北伐成功后，当时国际形势对于国民党政府不利，在北方，苏联刚刚崛起，中苏关系紧张；在东方，日中关系紧张。国际情势的恶化，对于中国来说，维护领土完整上升为异常严峻的问题，此时加强中央集权同时授权边疆地区成为当务之急。①

（四）地方经济及社会发展的要求

宁夏单独建省，是近代宁夏社会发展的必然趋势。从长期的区域历史发展观察，地域经济体系的建立和地域文化的逐步形成是其建省的根本原因，宁夏地区经济的发展为单独建省奠定了经济基础。同时，经济及社会的发展也表明宁夏已经具备了可以完成地方行政区划的经济职能和政治职能的条件。

（五）地方集团实现自我政治价值观的要求

分散的军阀集团的联合体既没有一个理论化的意识形态，又没有任何的组织形式来维系，需要通过实现自我政治价值观来体现精神上的整合以及组织上的生命力。地方集团以地缘关系为纽带，以地方军事政治集团为

---

① 李庆勇：《甘宁青三省分治研究》，硕士学位论文，西北大学，2006 年。

武装力量，再辅以官僚、士绅群体，必须通过将政治力量与军事力量的整合、军事力量与社会宗教力量的整合，凭借在地方上优于中央政权的地方权威获取其政治地位的合法性。

二　银川市的设立

1933 年，马鸿逵出任宁夏省政府主席后不久，便亲自提议将宁夏省会采用"银川市"的名称。但此时只是一个虚名而已，并无相应的机构。1944 年 10 月，民国中央政府通知各省政府所在地，在没有市一级政府机构的城市要规划建市，同时提出在城市居民人口数量、市政建设、市容市貌、工商业繁荣等方面达到一定规模，便可向民国中央政府申报建立省会城市。民国宁夏省政府经过调研，向民国中央政府申报建立省会城市——银川市，并决定由时任民国宁夏省政府建设厅厅长兼交际处处长李振国负责筹建成立银川市的各项工作。同时，宁夏省政府向南京国民政府行政院呈送"关于成立银川市政府筹备处的报告"。但由于时局的变化和中日大战随时爆发，这份报告一直被拖延。1945 年 8 月南京国民政府发行政院令，公布了《宁夏省银川市政筹备处组织规程》。1947 年 5 行政院最终发布号令，公布了《宁夏省银川市政府组织规程》，按组织规程，宁夏省会银川市宣告成立，首任市长为李振国。

市政府的正式成立意味着银川市正式成为宁夏地方行政的政治和经济中心。虽然之前就已经有宁夏省会，但在作用的发挥上还远远不够。中国从秦代到民国初年，行政区划的形式都是地域型政区，经过两千年都没有根本性质上的变化。地域型政区，是指"下一级是上一级政区的地理区划。……每级政区都有相当的地域范围"，同时，需要强调的是"地域型政区是农业社会的特征"，当社会从农业型过渡到工业型时，就会出现"城市型政区"。与前者相比，政区已经发生了质的变化，这种政区"人口密度大，工商业经济发达，地域范围小，但地位高，权力大"。[①] 南京国民

---

① 周振鹤：《中国地方行政制度史》，上海人民出版社 2005 年版，第 409 页。

政府成立前后，将部分城市从所属政区中划分出来，分为特别市和普通市两等，特别市与省相当，普通市与县相当，由此城市型政区得以诞生。至1928年底，共设有5个特别市和4个普通市。宁夏于1947年建立银川市，虽然在民国时期银川市成立的时间较晚，但却是在宁夏实现政区从地域型向城市型转变的重要事件，对此后以至当前都有重要的意义。

三　县等的划分

通过将县等进行划分，可以帮助宁夏省政府及各县政府更好地了解县情，以便形成合适的县级治理对策。同时，还可以依此来决定该县的规模、长官的级别、僚属的配备以及行政经费的分配。通过若干因素将数目繁多的县进行归类和排序，可以提高地方行政管理的效率。

宁夏省在县等厘定过程中所确定的分等标准，直接关系到中央财政收入。1935年按各县"人口，财赋之多寡，土地面积之大小"进行县等厘定，厘定结果是：共分为三个等级，其中宁夏、宁朔、平罗三县为一等县；金积、灵武、中卫和中宁四县为二等县；预旺、磴口、盐池三县为三等县。到1941年4月，因行政区划发生变化，遂将宁夏、宁朔、平罗三县重新进行划分，划分为贺兰、宁朔、平罗、惠农和永宁五县，又呈准将陶乐设置局，提升为县。于是在这个基础上依照新县制的规定，将各县改订为六等。从一等县到六等县，机构越来越趋于简单的设置状态。

此外，政区的分等是由政治、经济、军事诸多因素与自然、人文环境所决定的，这些因素和环境总是在不断变化之中，因此县的分等也就要跟随变动，每隔一段时间就需要进行一次调整。总体上，县等的厘定表明县在省中所具有的特殊分类属性，同时因等级的不同，规定的行政办法会有所不同，在一定程度上表现出县在一省之中的地位等级。

四　县行政区划的多次调整

县的调整包括划分调整边界的方法、在数目上的调整以及在行政区域面积上的调整三个方面。

行政区域边界的调整可以使用山川形便的原则，就是指以天然山川为行政区划的边界，这种划分使行政区划和地理区划相一致，是世界各文明古国的通行原则。民国宁夏地方行政制度在划分县的边界时就利用了这一原则，例如，对中卫和中宁的划分。

民国宁夏行政制度对县的调整的特点在于，县的数目增多了，而县的面积减少了。其目的主要在于更好地对县进行行政控制，此外也综合考虑了地理位置要素和行政工作上的便利性等方面。总体上，这种在行政上由大县划小县的办法，增加了行政机构设置，客观上使宁夏省政府的行政控制权在更广泛的区域中渗透，同时控制的力度也更强。

第三节　行政制度变迁的路径依赖分析

从民国宁夏地方行政制度变迁的路径来看，采取的是一种渐进方式。在变迁的过程中首先是从组织机构的变革入手，这些变革是行政制度中非核心的表象和外围部分，在这个基础上才逐步向行政制度的核心开始深入，即面向政府职能和政府权力进行调整。制度变迁的整个过程是在制度变迁过程中缺乏成熟的体制设计，不能从战略的高度统筹全局，缺乏整体明确性的同时也造成具体可操作性的缺失，使得行政制度的变迁多少带有一些冒进、短视和碎片化的特征。

在对制度及制度变迁的研究过程中道格拉斯·C.诺思开创性地运用了路径依赖理论。他指出制度变迁过程中存在着一种自我强化的机制，某种制度一旦被选定，不管其有效与否，都会在一定时期内存在并影响其后的制度选择。沿着既定的路径，经济和政治制度的变迁可能进入良性循环的轨道，迅速优化；也可能顺着原来错误的路径继续下滑，最终被"锁定"在一种恶性循环的无效率状态。①

民国时期宁夏地方行政制度在变迁过程中也同样存在着路径依赖，对

---

① ［美］道格拉斯·诺思：《经济史中的结构与变迁》，陈郁、罗华平等译，上海人民出版社1994年版。

行政制度的变迁起到阻碍作用，使得民国宁夏地方行政制度中财务行政制度、教育行政制度以及职官选任制度等一系列制度变革成效甚微，发展缓慢。这需要从产生路径依赖的来源分别进行分析。

一　由地方行政层级划分产生的路径依赖

要使地方行政制度正常运行，那么在管理层次与管理幅度之间必须要有一定的比例，这就需要合理制定分级行政制度。然而在分级行政制度中存在路径依赖，这种制度具有一定的历史连续性和历史积淀性，这使人们习惯于既定的制度框架而不愿轻易改变它，它在一定程度上约束着社会自由度，对制度变迁造成极大的阻碍。

纵观历代地方行政体制的变迁，可以发现其核心就是政府组织层级与管理政区的变化。依据层级的变化情况，可以把自秦代以来的地方行政体制分成三个阶段：第一个阶段是从秦代实行的纯粹的郡、县二级制到南北朝时期的州、郡、县三级制；第二个阶段是从隋文帝实行的州、县二级制到宋辽金时期的道（路）、州、县三级制；第三个阶段是从元代的多级制（最多时达到省、路、府、州、县五级）到清代的三级制；每一个阶段最后都是回归到三级制。[①] 南京国民政府建立之初，再次取消了北洋政府时期实行的地方行政省、道、县三级体系中的道一级，而采取省县两级制。虽然后来南京政府逐渐在国内15个省又创设了中间一级的行政督察专员公署，在这些省构成了虚三级制，但宁夏省并没有包括在内，所以民国自宁夏单独建省后，一直是省、县二级制的行政体制。

运用路径依赖理论进行分析，可以看出在历代的变迁过程中，地方行政层级的划分在演进过程中有两个基本方向：一是制度的前行，初始制度不断加以完善和强化。即每一个阶段都是在原来基础上根据疆域的变化，以及经济文化的发展进行调整和改革，不论是从二级制转变为三级制还是从多级制转变为三级制都试图使分级行政制度有所改进。二是制度的转

---

① 蔡放波：《中国行政制度史》，武汉大学出版社2009年版，第145页。

向，即旧制度被新制度所取代。即分级行政制度在每一个阶段虽然都回归到三级制，但这并不是简单的重复，每一次的回归都与以往的制度不同，都是在新的行政环境中产生的，既包括表层变化（例如，层级名称的变化）也包括深层变化（例如，管辖范围和行政结构的变化）。在这两种方向中，都存在着制度演进在时间上的滞后性，而这种滞后性正是路径依赖特征的反映，同时制度演进在结果上的相似性也清晰地表现出制度变迁过程中的路径依赖轨迹。行政层级的数目决定了行政权力的范围和深度，所以在民国时期宁夏地方行政制度在行政权力的划分上便具有了路径依赖的特征。

以上无论是时间上的滞后还是结果上的相似，都仍然只具有表象属性。对于路径依赖属性的探究并不能只是限于表象，而应该深入到其本质。通过考察近代以前包括民国时期在内的历代政府新增的横向行政层级，可以发现，多数是由纵向体系转化而来。而且，纵向体系上的官员也大部分会晋升成横向层级体系上的官员，尤其是当每个历史朝代到了其后期的下降阶段或腐败阶段，统治阶层更是不惜牺牲政府的管理能力和行政效率，采用不断增加新层级的方法，来保证皇权专制不受妨害。[①] 同时，"政治决策和监督一般来自于纵向垂直体系，造成了'一竿子插到底'，许多问题'不通天'就难以解决的政治行为方式；而推行政务则依赖于层级体系，造成了层层周转、执行效率缓慢低下的行政行为方式"[②]。

例如，到1942年以后，虽然纵向体系的建制演进逐步稳定下来，但纵向体系的官员和横向层级体系相比，却流动较快，多数任职不久就会转升为更加正规、级别更高的横向层级体系官员。而到了1945年，纵向体系的建制又变得极不稳定，3月在省、县之间增设3个行政督察区，其中"第一行政督察区"辖永宁县、宁朔县、金积县、灵武县计4县；"第二行

---

① 傅荣校：《南京国民政府前期——1928—1937年——行政机制与行政能力研究》，博士学位论文，浙江大学，2004年，第28页。

② 刘文瑞、周生玉：《略论中国政治制度史的特点——中国政治制度史论纲之二》，《西北大学学报》（哲学社会科学版）1994年第1期。

政督察区"辖中卫县、中宁县、盐池县、同心县和香山设治局计4县1局；"第三行政督察区"辖平罗县、惠农县、磴口县、陶乐县计4县。而时隔仅仅两个月，又由3个行政督察区改为银南、银北2个行政督察区，其中"银南行政督察区"辖8县1局；"银北行政督察区"辖5县。而在不久之后各行政督察区又被撤销，改由宁夏省政府直辖，于是再次恢复到了省县二级制。

所以在民国时期宁夏省政府与中央政府之间，宁夏省政府与县级政府之间，以及县级以下行政组织之间，如何协调处理纵向垂直关系与横向层级关系，成为难以解决的问题。于是各种问题因此而来，构成由行政层级而产生的路径依赖的本质属性，即从本质上制约了行政行为方式的实效性，同时限制了各级行政组织的行政权限，使得对统治权力的监督完全失效，揽权独裁者越来越多。

二 由集权专制文化产生的路径依赖

作为意识形态层次的文化观念具有持久性、历史积淀性以及较强的非易性。[1] 由文化观念产生的路径依赖往往使得制度变迁过程具有连续的、缓慢的、渐进的、内生的特征。也就是说，在制度的变迁过程中，意识形态和思维习惯总是具有相对保守的因素。人们主观总是要求制度按以往经验继续下去，这是制度承袭机制中社会惰性和思维惰性的体现，而制度承袭机制的稳定性和延续性往往成为制度变迁的主要障碍。

民国时期虽然宣扬民主，但却缺乏实现民主的和平方式和渠道。宁夏行政制度在发展过程中，维护并巩固着从上而下的集权专制体系。同时，又通过在地方上高度集权，全方位控制着整个宁夏各方面的行政事务。

民国时期宁夏地方行政制度中集权专制文化主要体现在两个层面。

第一个层面是位于统治地位上的，是一种为维护自身统治而提倡的一种所谓"天人合一"和"大一统"的文化观念。这种文化源于权力崇拜与

---

① 胡杨：《我国行政监督制度创新的路径依赖分析》，《江汉论坛》2010年第2期。

服从型的政治文化。宁夏省政府作为地方行政制度，服从中央领导的定位较为明确，而天人合一的集权专制不仅是一种文化象征，更是政治体制的选择。对于民国地方行政制度而言，这种大一统既有与地方军阀结合的要求，又有与地方民族势力融合的要求，以此形成对军政权力及宗族权力的整合，完成了集权专制文化的内在要求。因为要做到中央集权前提下的地方适度分权并不容易，而且对历代统治者而言，保持一姓政权的长期统一和稳定是最高的政治目的，因此对地方安宁的重视超过对地方发展的关心。① 民国国民政府如此，宁夏省政府亦是如此。然而，落后的集权专制统治建构了扼杀自我更新功能的社会机制，抑制了推动社会更新的外来驱动力。正如托克维尔所说："极端的中央集权最后会使社会失去活力，久而久之，还会使政府软弱无能。"② 从而使理性的制度变迁缺乏动力。

第二个层面是人治大于法治的官方文化的积淀，映射出特定的政治伦理和道德价值。法治意谓法的统治，以法而治或依法而治。"法治"意味着一切权威机构都必须服从符合法律的正义原则和遵守道德的原则，并强调政府本身不能滥用行政权力。法治是指人们通过法律治理国家以求得理想社会的实现。③ 人治是指当权者个人专制，以个人意志统治一切，支配一切，不受法律的约束。人治中的人可以超越法律；而法由统治者个人意志而定；人治中的法由最高统治者个人"钦定"，以保护其专制统治。人治与法治的最初对立，随着儒家和法家的相互渗透和融合，形成相辅相成的局面。然而，必须注意的是，一个没有贤君的国家，人治是无效的；一个没有明确法令的国家，法治是无效的。在整个民国时期，本来中央下达到地方的法令就多，而宁夏地方政府又自行制定了诸多相关行政法规。据20 世纪 40 年代的法律专家估计，当时中国的各种法令规章总计约有28000 种之多，如果仅依据法令、决议来研究国民政府的历史，常常给人产生一个错觉，认为民国时期国民政府已经是一个法律制度相当完善的

---

① 周振鹤：《中国地方行政制度史》，上海人民出版社 2005 年版，第 251 页。
② 托克维尔：《论美国的民主》（上卷），董果良译，商务印书馆 1996 年版，第 851 页。
③ 郭道晖：《法理学精义》，湖南人民出版社 2005 年版。

法治国家。但法律制定不是为了制定而制定，必须有守法的精神才有意义。而且法律条文本身的规定也要求必须要语义清楚，便于执行。民国时期宁夏地方政府面对种类繁多、体系庞杂的法律法规本就容易造成形式主义，又因为对政治体制运作的规范所做的制度化规定颇不完备，许多条文存在含糊不清的问题。不仅职权划分相当不明确，而且由含糊产生的多重解释给人治和腐败制造了诸多可乘之机，破坏了行政制度的变迁的环境。

中国历史、中国文化和中国社会的特点就是传统性和连续性，从实质上讲就是"家长专制"。这种家长专制古今通用，它强调社会政治关系中拟制的家庭特点，即存在一种代际关系的意味。[①] 同时，这种"家长专制"既包含有文化的意味又是对制度的描述，成为一种对制度与文化关系涵盖性极强的政治形式。将"家长专制"转换为在国家范围内的表述，即"集权专制"。集权专制文化产生的路径依赖为行政层级产生的路径依赖进行了观念上的补充和延拓，更与制度变迁的渐进性直接相关，"嵌入在习俗、传统和行为准则中的非正式约束可能是刻意的政策所难以改变的。这些文化约束不仅将过去与现在和未来连结起来，而且是我们解释历史变迁路径的关键之所在。"[②]

三 由地方行政机构膨胀产生的路径依赖

路径依赖理论认为：一种体制形成以后，会形成在现存体制中有既得利益的压力集团。其力求巩固现有制度，阻碍进一步的变革，哪怕新的体制较之现有的更有效。即使由于某种原因接受了进一步改革，其也会力求使变革有利于巩固和扩大他们的既得利益。于是，初始的改革倾向于为后续的改革划定范围。民国时期宁夏地方行政机构中无论省政府还是县政府都是既得利益集团，地方政府不仅拥有广泛的事权，并掌握越来越大的决策权和财权。在这种情况下，地方政府无论从整体还是从各个层级、部门

---

① 王绍光主编：《思想政治秩序：中西古今的探求》，上海三联书店 2012 年版，第 156 页。
② ［美］道格拉斯·诺斯：《制度、制度变迁与经济绩效》，杭行译，格致出版社 2008 年版。

乃至人员个体来看，都是带着既得利益者的特征面对地方行政制度改革的，其受自身利益的驱动，通过各种方法进行阻挠和抵制。

　　例如，1933年后为推行地方自治，宁夏省政府规定县以下设置区、乡、间各级组织，组织结构较为复杂。在实际的政令传达过程中，不够通畅，于是在1941年2月，将介于"县"和"乡"之间的中间环节"区"裁撤，并在县级以下设置直隶乡，同时将乡公所又进行扩充，同时以提高"推行自治力量"为由进一步增加行政机构。在乡以下设置保，保以下设置甲，并在各级组织中配备相应办公人员。其中乡镇公所设乡长1人，设民政、财政、建设、文化四股，各股设主任1人，干事1人，并设乡丁2名至4名，保设办公室，设保长1人，民政干事1人，保丁1名，甲设甲长1人，以此构成了庞大的地方自治机构①。同时，宁夏省政府又不断以"筹建自治组织"为名充实自治经费。截至1940年2月，全省自治经费，每月为39289元，全年为471460元②，这无疑增加了社会负担，降低了办事效率，浪费了人力和物力资源，对地方行政制度的发展造成极大的障碍。

　　伴随着地方行政机构的膨胀，在变迁的政治生活中产生了集体行动过程的自我强化动力。当行政组织被制度化以后，就会有一种强大的、自我维持的趋势。而当社会行动者对现存制度和政策的忠诚度和支持度增加时，相应地，他们的退出成本普遍提高，也就更加强了对制度的依赖和遵循。当集团中的政治核心人物掌握了权力，则将制度强化的程度进一步提高，从而使掌权人的利益得到最大程度的保护甚至扩张。

　　要想去除这种路径依赖，必然不能依靠权力中心和地方实力派，而只能依靠被压迫的民众。只有民众才能够提供历史发展与进步的动力，而对于统治者与既得利益者而言，发展就意味着既得利益的解构。当被压迫民众对于自身力量和合法权利有更为清晰和明确的认识后，便将最初无力的政治批判转变为极具活力的斗争，这种充满生机的历史要求无疑会让既得

---

　　① 马鸿逵：《十年来宁夏省政述要》，民国宁夏省政府秘书处编，第二册，民政篇，1942年版，第74页。

　　② 同上书，第76页。

利益集团措手不及。

第四节　行政制度的效应分析

一　负面效应分析

（一）阻碍了宁夏近代经济转型

明清时期宁夏传统的商品经济已经有所发展，对外贸易频繁。特别是沿海资本主义开始向内地发展、渗透后，形成了一条从甘肃兰州起始至京津地区、水陆并用的北方商路，羊毛、皮革、药材、木材等产品源源不断地从这条商路销往内地。

自宁夏独立建省之后，尤其是马鸿逵主政的十几年中，社会处于军阀政治体制之下，社会经济被国民党中央政权和地方专制集权严重负面干预，使商品经济严重衰退的同时，市场经济受到严重抑制。"在这个新的环境下，宁夏的城乡市场体系实际上还不完善，……各县集市……主要分布在黄河沿岸一带，其他地方都较为稀疏，呈现出明显的不均衡状态。"[①]从商品经济向市场经济的转型变得异常艰难。在诸多影响经济转型的因素中，宁夏地方行政制度的负面影响尤为突出，地方政府的鸦片专卖政策、土特产专卖政策、地方财政税收制度的整顿以及对内对外贸易的垄断等方面都对经济转型产生负面影响。

宁夏独立建省后，成为国内主要的鸦片产区之一。"全省 10 个县中有 7 个县种烟，其中有一个县鸦片的常年产量即约为 84000 余担。"[②] 这通过地方财政税收项目就可以清楚看出，所有田亩都要征收烟亩税的"清乡费"和对鸦片征收的"善后罚款"[③] 两项税收占宁夏地方政府总收入的很大比重。1930 年约占 34％，1931 年增至 51％，1932 年又进一步增至 53％。这都与当时宁夏省农村大面积种植鸦片有密切关系，种植鸦片使农

---

① 吴孟显：《宁夏建省前后的市场结构》，《宁夏社会科学》2011 年第 4 期。

② 罗运炎：《中国烟禁问题》，大明图书公司 1934 年版，第 71 页。

③ 傅作霖：《宁夏省考察记》，正中书局 1935 年版，第 64 页。

民更加贫困，市场更为凋敝。马鸿逵出任宁夏省政府主席后出台了禁烟政策，同时垄断了鸦片的购销渠道。禁烟使私人贩卖大烟减少，但沉重的赋税使得农民还是只能靠种植鸦片才能勉强应付。

此外，"马鸿逵统制宁夏土特产，主要是羊毛、羊皮、枸杞、甘草、木材、冰碱等。其中皮毛、枸杞、冰碱三项，马认为油水最大，因而抓得最紧。"马鸿逵上任后不久，利用所集资本，组织"富宁商行"。该商行对外以宁夏银行招牌进行活动，内部则账目独立。富宁商行董事长为马鸿逵，商行一贯以省政府的名义对宁夏土特产实行政府专卖。[1] 从而使宁夏的特产"或者因受银行统制而萧条，或者因受各种环境的影响而停滞，以致行销南北之宝藏，竟由窒息而消灭。至于皮毛的出产，更是日趋没落！"[2] 由此，宁夏土特产的生产经营方式也遭到严重破坏，无法按照正常的市场经济发展。

宁夏的金融制度也曾一度混乱，因宁夏银行私印省钞，利用法币和省钞的兑换差价，牟取暴利，同时放高利贷，致使宁夏境内金融秩序混乱不堪，物价急速上涨。工商业资本被大量以官方形式私吞，大量工厂破产倒闭，虽然 1938 年 6 月将省币最后统一于国民政府发行的"法币"，但其间大量小商人和小市民遭受到几近破产的危机，同时在社会经济经历了急剧的波动。

民国时期的财政税务虽然几经整顿，但目的大多是为军方提供财力后盾，从来没有为发展地方经济、减轻地方百姓财政负担考虑，反而由于征兵规模的增大，使城乡居民的生活负担更加沉重。由于宁夏整体经济实力的低下，交通闭塞以及军阀割据，至新中国成立前，宁夏农牧生产的商品化程度以及市场交换关系虽有一定的规模和发展，但却很少有人将土地资本和商业资本向工业生产投放。在经济缓慢发展的过程中，商品经济和市场经济一再萎缩，而小农经济仍然是民国宁夏社会经济的主体。

总体说来，民国宁夏地方行政制度利用其强大的军权统治，一方面给

---

① 杨作荣：《垄断宁夏土特产》，载于《宁夏三马》，中国文史出版社 1988 年版，第 267 页。
② 马福龙：《一个宁夏人的希望》，载于《西北通讯》1948 年 10 月。

经济带来沉重的枷锁，另一方面将宁夏经济发展模式强制性地推向官僚资本运作模式。使宁夏境内的经济陷入政府垄断性和极端投机性的境地，经济转型的机会完全被剥夺，而本地的工商业经济、农产品经济以及金融业因为受到致命的打击而一蹶不振。

（二）导致行政机构的系统性腐败

腐败是一种社会现象，它的产生与社会制度密切相关，而民国时期宁夏地方行政制度在某种程度上成为腐败现象滋生、蔓延的温床与土壤。民国时期在中央及各省腐败现象都较为普遍，在宁夏自然也不例外。在宁夏地方腐败的原因主要来自与行政制度相关的两个环节，一个环节是在行政制度的设计上，另一环节是在行政制度的执行上。设计环节的问题主要包括缺乏权力制衡机制，官员俸给制度的设计不合理等；在执行环节的问题上主要是形式主义和官僚主义盛行，对相关的法律、法令，规章条约的落实工作不重视。

例如，建省之初，宁夏各县政府一直没有按照规定进行编制，名额一直没有明确的数目，俸给也没有一定的标准，全都由县长根据自己意志随意增减，形同包办性质。由此造成了"稿房科吏，营私舞弊，贪赃枉法"等腐败现象。1935年夏，马鸿逵委派"县政稽查委员"进行清查稽核后，公布各县存在"十大官""八弊""十二费"，县、区、乡长与土豪劣绅巧立名目，层层榨取，层层贪污，具体事项根本无从查起。

基层组织如此，而在宁夏省政府的贪污腐败更是有过之而无不及，尤其是马鸿逵作为宁夏省政府主席，其贪污程度令人咋舌。马鸿逵借用省政府主席的名义，无所不用其极，从农村到城市，他清丈土地、开银行、开商行、开工厂、收大烟、霸占地产、克扣军饷、压榨商号。其间所采用的方式，林林总总，不一而足。从房产来看，其分别在兰州、临夏、宁夏、绥远、上海、天津、北京各地共购置房屋2815间，并在各地专门设置账房主管，按时收取租金，另外在香港购置英宝太子道一号楼房一院；从地亩来看在兰州、临夏、宁夏占有土地共16200亩，外加在绥远的12平方里地。据《宁夏三马》中记载在马鸿逵统治宁夏的17年间"攫取了巨额财产，……马鸿逵在逃离宁夏前，曾经租用美国人陈纳德的飞机，……运走了黄金达 7 吨半之多！"[①]

由此可见，当行政制度的设计不存在应有的控制监督能力时，当行政权力的运行成为官员谋取自身利益的工具时，当行政能力的展现主要用于对社会弱势力量的盘剥时，自然就会伴生一个贪污成性、腐败成风的政治环境，从而导致行政机构从上到下的系统性腐败。[②]

（三）加重了地方军事力量的政治色彩

在行政制度的辅助下，地方军事力量的政治色彩更加浓厚，宁夏地方政府逐渐转向一切以军权为中心的政治体系中。具体表现在以下方面：

第一，军人参与政治的现象较为普遍，并纷纷借此拥有政治上的合法地位。从辛亥革命开始，革命党越来越依赖新军作为革命力量来推翻帝制王朝，这些促使军人集团从社会边缘涌入社会中心。军人参政的权力逐渐取得合法性地位，而军人的政治自主性也随之不断强化[③]。在这种社会背景下，马鸿逵以军长身份进入政界，又倚赖其家族的势力，成为宁夏省政府最高行政长官，借助行政统治上的合法性，军权不断取得宁夏的政治资源，压制各级行政官员。所有的重大行政指令的制定和实施都脱离不了军方机构的支持。在宁夏行政制度体系中军事和政治不但相互结合在一起，而且在各种争战中相互促进、相互加强。政权赋予军人以特权，而军权又倚赖武器、弹药和军队力量加强了政权。军人权力不但高于党权，同时，军人把文职官僚和士绅阶层也都作为自己的附庸，他们主宰着地方社会的一切，一改文职官僚与武职官僚各司其职的传统，成为各种斗争的主角。军事因素使宁夏地方行政制度只能畸形发展，遏制了地方自治制度的发展。

---

① 李翰园：《马鸿逵的房地产与所谓"土地清丈"》，《宁夏三马》，中国文史出版社 1988 年版，第 253 页。

② 傅荣校：《南京国民政府前期（1928—1937）行政机制与行政能力研究》，博士学位论文，浙江大学，2004 年，第 191 页。

③ Edward A Mccord：The Power of the Gun：the Emergence of Modern Chinese Warlordism，Berkeley：University of California Press，1993，p. 48.

第二，保甲制度成为军事化行政控制的重要工具。保甲制度是中国清朝以前长期延续的一种社会统治手段，它是以"户"，即"家庭"，为社会组织的基本单位，而不是像西方以个人为基本单位。保甲制度的最本质特征是以儒家的政治学说为基本观点，认为应该把国家关系与宗法关系融合为一，将家族观念纳入君统观念之中。在民国初期被废除，但后期由于国民党政府在对当时共产党领导的红军进行军事"围剿"时频频受阻，于是再次提出要通过实行保甲制度来控制民众。宁夏为贯彻"管、教、养、卫"并重的原则，于1933年也开始正式实行。保甲制度使得原来具有地方自治性质的各种行政机构设置全被并入省级管辖之下的县政府，而县之下则成为县政府的行政区，乡村邻闾制度也被作为县区体制末梢的保甲制度所取代，使中央集权得到了很大程度的加强①。从实质上讲，推行保甲，目的是为军事化服务。宁夏行政制度的军事化表面上与自治实行主义的精神一致，而实际却破坏了地方自治制度。

第三，在向正规军队转变的过程中强化了与宁夏地方政权的结合。作为民国军阀派系的重要军事力量，宁夏地方军阀集团在近代化对西北的影响与日俱增之时，逐渐褪去"民间色彩"，努力向近代化正规军队的方向发展。② 民国期间，宁夏的地方军阀一直拥护国民党中央政权，具有极大的政治投机性和政治包容性。他们用政治强制和军事掠夺的手段，强占土地和民房、开办银行和工厂，作为维护和巩固其军事力量的经济基础，经济实力已远远超过早期的旧式军人。同时，他们具有对国民党政党组织的功利性拥护，即便这种拥护是纯粹功利性的——当它们之间没有利害冲突时就合作，当发生冲突时就见机行事——但对地方正规军队来说还是有必要的。军队内部军官素质水平有所提升，在1919年前后，"对于军队中的官长不论学术如何，于召募时，其能在自己教派下召募一营者，即授以营长，召募一连者，授以连长，"到了20世纪30年代，前后军官中没有军事知识和军队作战能力的逐渐减少，取而代之的是具有一定知识水准的新

---

① 西北研究社编：《保甲制度研究》1941年，第32页。

② 霍维洮：《西北回族军阀论略》（下），《宁夏大学学报》（人文社会科学版）2001年第5期。

型军人，并具有一定的进步理念，为与地方政权结合创造了条件。

通过融合，民国时期宁夏省政府的行政系统在某种意义上成为军事系统的附庸。军权对政权过度牵制，甚至形成凌驾于政权的现象。费正清在对民国时期军事因素进行评价时也曾指出："军方继续在国民党政权中握有最大权力，并且决定政权优先考虑的事。因此，无论文职行政官员多么开明，他们也只是军方的工具。"① 军权与地方行政职权相结合，使军队在政权中的作用越发重要，而行政制度却变成一种听从于军事指挥的政治摆设而已。

（四）加深了宁夏地方政府与各方力量的矛盾

民国时期，宁夏建省初期，宁夏地方政府就深陷于诸多矛盾之中，主要包括宁夏省政府与国民党中央政府间的矛盾、宁夏省政府与县级政府间的矛盾、宁夏省政府与甘肃、青海各省政府之间的矛盾、宁夏各级地方政府与民间势力的矛盾。各方力量面对共同争夺的权力和经济资源，形成了矛盾的不可调和性。而宁夏地方行政制度虽然经历多次改革，但由于其具有浓厚的军阀专制集权特性，不但没有使其与各方的矛盾得到缓和，反而使矛盾不断加深。

宁夏地方政府与国民党中央政府之间的矛盾主要是地方与中央之间军权、财权、事权和人事权等相关权力的分散和集中的矛盾，二者往往因为权责不清导致效率低下。经过多次的权力之争，使得矛盾加深，中央政府对于宁夏的行政控制在很大程度上受到阻挠，包括地方官员的任命、军队的调遣、实业的开发、国税的征订，而宁夏从中央获得行政经费的支持也变得越来越困难。

宁夏省政府与县级政府之间也存在权力的争夺，但这种争夺以省政府为极大强势，而县级政府为弱势，基本没有权力之争的能力。因为马鸿逵所采用的是带有军事化色彩的行政方式，所以在地方政府上有很大的震慑力。县级地方官员必须在其严密监视下按要求进行各项行政工作，稍不如

---

① 费正清：《剑桥中华民国史》（下卷），中国社会科学出版社 1993 年版，第 186 页。

意，就进行严厉处罚。例如：1937年，宁夏、宁朔、平罗三县区、乡、科长等9人以舞弊罪名被枪毙；1938年，宁夏县县长戴义赞因侵吞公款被枪决；1939年，宁朔县县长哈尔玉、中卫县县长王毓瑞、宁夏县县长鲁涛等分别被判刑11年至15年不等；1941年一名稽查员因将63元的税票存根误写为6.3元，马鸿逵获知后下令将此人枪毙。[①] 此外，他在处置时会因人而异，对于其亲信的不法行为往往有意包庇纵容。这些无疑会激起县级政府官员的怨恨情绪，加深彼此的矛盾。

宁夏省政府与甘肃、青海两省政府的行政权力核心在血缘族缘上有亲密关系，共同构成民国时期的西北军阀势力。他们在民族、政治乃至姻缘方面都有千丝万缕的联系，在面对共同的敌人时加强其联盟，但在争夺西北地区的总领导权时又时常明争暗斗、互相牵制。[②] 比较相互之间的争斗和牵制程度，以宁夏省与青海省之间最为突出，尤其再加之国民党中央政府的离间，二者经常相互打击和排挤。例如，抗战期间，青海马步芳曾用烟土和硬通货等非法手段从日本人手中换取枪支弹药和日用品，途经宁夏时被马鸿逵扣留，并立即上报国民政府军政部，之后马鸿逵将所扣货品据为己有。此外，二马还同时插手河州的军权、政权和教权，企图扩张势力。抗战结束后，原西北军政长官被调任，于是二马又展开了对西北军政大权的争夺。可见青马和宁马利用其行政职权之便各自谋取其家族利益，他们的联盟仍以利益为导向，而他们的内部冲突却始终存在并愈演愈烈。

民国宁夏各级地方政府与民间势力的矛盾在诸多矛盾中表现得最为突出。土地兼并严重，农民大量失去土地；各级政府极度腐败，行政机构臃肿，缴税负担沉重；长期军阀割据和军阀混战，征兵制度和保甲制度残酷，军费负担过重，为逃兵役背井离乡；鸦片毒害身心，破坏社会秩序，加速政府腐败，禁烟不但没有实现，反而成为了地方政府重要的税收来源；工业生产凋敝，金融和商业市场被官方完全垄断，城市小商人和小生产者濒临破产。在宁夏地方行政制度的制定和施行的过程中，使矛盾朝着

---

① 马万钧：《马鸿逵统治宁夏罪恶事实》，手稿，稿存宁夏区政协文史委员会。

② 许宪隆：《诸马军阀集团与西北穆斯林社会》，宁夏人民出版社2001年版，第146页。

越来越深化的方向发展。这种不可调和的矛盾最终成为民国宁夏地区的主要社会矛盾，是集权化的宁夏地方政府不战而败的主要原因之一。

二　正面效应分析

（一）在反对外族入侵时捍卫了国家主权

这一点在抗日战争时期，表现得尤为突出。如前文所述，宁夏因为其在抗战时期具有举足轻重的战略地位，同时，又有一定数量的回族聚集区，使得日本侵略者企图在宁夏扶植傀儡，建国。他们在 1937 年全面抗战爆发前，就开始预谋实行分裂国家的计划。日本侵略者经常在宁夏及周边省份挑拨回汉关系，并在定远营设置特务机关，同时派特务到宁夏省城活动。当时宁夏省政府采取"不得罪、不合作"的原则，表面上俯首帖耳，暗中仍与日本人对抗[①]。马鸿逵以宁夏省政府为依托，使日本的险恶阴谋最终破产，在宁夏地方行政制度的保障下，捍卫国家主权，反映出其不愿出卖民族气节做日本人傀儡的爱国情愫。

1940 年中国回教救国协会宁夏省分会正式成立后，对宣传和动员广大穆斯林群众抗日救国做了很多工作。马鸿逵作为宁夏省政府主席，经常以官方的态度，通过多种宣传，说明国家的地位高于宗教，在客观上使穆斯林越来越注重国家观念，增强了回族同胞保家卫国的爱国意识。当时由来已久的"家、国一体"和"家、族一体"的观念仍然盛行，一般人更注重家，而忽略国。这种重家族的传统意识本已淡化了国家观念，而穆斯林除了重家族之外，还有重宗教的意识，对国家观念的漠视也更为严重。马鸿逵提出"要讲信教自由，绝对不能离开国家。……倘若离开了国家，根本上就无宗教可言。"[②] 在对群众演讲过程中马鸿逵也大量提到有关"爱国"的问题，在宁夏这个穆斯林聚居区，他在当时号召穆斯林群众热爱国

---

① 周靖程：《马鸿逵民族思想探析》，《赤峰学院学报》（哲学社会科学版）2010 年第 31 卷第 1 期。

② 马鸿逵：《十年来宁夏省政述要》，民国宁夏省政府秘书处编，第八册，附录篇，1942 年版，第 107 页。

家，在培养爱国文化、保卫国家方面起到一定作用。

（二）一定程度上维护了地方与中央的统一关系

南京国民政府时期，宁夏地区由道级建制升格为省，与中央政权的距离更近了一步。宁夏在全国的政治地位亦骤然升级，这同时也意味着更高政治责任的担当，即应与中央政府之间保持更加紧密的联系。

民国宁夏省地方行政制度的确立，是完全按照南京国民政府从中央到省的设计框架而建构的，是中央政府行政体系中的有机组成部分。在行政权力的划分方面、在行政层级的设计上、在地方行政制度的基本架构上基本遵循中央政府的有关法令、法规；同时在民族政策的贯彻实施上、在爱国理念和宗教理念的宣传上都尽量与中央保持一致；并作为地方统治力量负责维护地方与中央的统一关系，避免了社会动荡和民族分裂。这些虽然在主观上有谋取自身统治利益的要求，但在客观上为中央指令的传达和贯彻，以及为保持民国时期国内统一提供了制度上的保障，体现出地方统治集团的国家认同意识。

（三）在一定程度上促进了伊斯兰教教育的发展

民国时期宁夏民族与宗教政策一直受到国民政府关注。自宁夏建省后，曾多次更换省政府主席，在吉鸿昌离宁后，西北军总部负责人宋哲元根据历史上的经验就认为，宁夏必须要有回族军事人物执政，一方面能够震慑一方，一方面能使回族群众安宁。后来马鸿逵作为回族军阀，出任宁夏省政府主席，他在民族和宗教方面制定了相关的地方行政措施，整合了回族内部的多个教派，化解了回族内部的矛盾和回汉之间的矛盾，使宁夏在一个时期内都处于回汉民族相处较为和平的状态。马鸿逵出生于一个非汉族的、有伊斯兰教信仰的家族，以穆斯林行政官员的身份，在宁夏行政活动中，为宁夏回汉两族之间关系的融通起到一定的积极作用。

宁夏省政府通过一些政策使宁夏伊斯兰教教育有了一定发展。他们组织人员对伊斯兰教教义进行大规模翻译和宣扬，并一直提倡伊斯兰教的宗教教育的革新。在成立了"中国回教救国协会宁夏分会"后，宁夏省创设了多所《阿訇教义国文讲习所》，兴办各级回族学校，将传统的经堂教育形式进行了变革。由专业人员编译的伊斯兰教经典著作的基本内容在回汉两族民众中进行传播，并多次向回教同胞宣扬穆斯林群众接受教育的重要性。这些措施表现出宁夏省政府对于伊斯兰教教育的重视程度开始提高，对伊斯兰教的教育水平也有很大推动。时任宁夏省政府主席的马鸿逵对国民党政府提出的"中国只有回教没有回族"的看法颇为认同，这使得他在那些共同信奉伊斯兰教的回族军阀集团头目中独树一帜。民国时期宁夏省政府认识到历史上回汉仇杀形成的民族隔阂在宁夏地区并未消除，民族关系一直紧张，相关行政官员不希望回汉之间"因小事而滋大故"的悲剧重演。[①] 在马鸿逵就任的 17 年间，宁夏省回汉民族之间一直没有发生过仇杀事件[②]。这些都表现出宁夏地方行政制度在稳定民族地区社会秩序方面的积极作用。

（四）在一定程度上促进了地方科技的建设和发展

宁夏在 1929 年建省之初就设有建设厅，并建立较为完整的行政机构。为其后期在"开发大西北"的号召下，进行各方面建设提供了支持。在诸多建设方面，民国宁夏地方行政主要在水利建设、农业畜牧建设、工业建设等方面取得了一定成绩。

在水利建设方面，宁夏省政府在国民政府的支持下，相继建成开通了民生渠、新渠、和合渠、天佑渠、扶农渠等支渠道，为建设宁夏水利灌溉网起到了辅助作用。[③] 此外，沿黄各县均设立了水文站、测候所、雨量观测站和重点气象站，负责相关的水利工作。在农业科技示范成果的推广方面也有一定举措，通过清丈土地、鼓励开荒的措施增加耕地，在农具改良、肥料改进、种子改良和引进、杂粮推广、开展桑蚕养殖、试种棉花及防治病虫害等方面通过行政措施予以支持。[④] 宁夏省政府在 1942 年成立

---

① 宁夏回族自治区政协文史资料研究委员会：《宁夏三马》，中国文史出版社 1988 年版，第 220 页。

② 范长江：《中国的西北角》，1936 年 8 月由《大公报》首次结集 1980 年版，新华出版社再版，第 134 页。

③ 马鸿逵：《十年来宁夏省政述要》，民国宁夏省政府秘书处编，第五册，建设篇，1942 年版，第 20 页。

④ 民国宁夏省农林处：《宁夏省农政七年》，1946 年版，第 61 页。

了省工业实验所，制定了相应的组织规程，促进了工业新技术的试验和推广。[1] 宁夏的交通建设，在抗战时期为加强对全省的军事政治控制，发展较快。1933 年完成了宁包公路的改道和修筑，宁兰公路延伸至甘肃；宁平公路修至海原县兴隆堡；金积至灵武县公路通车；宁朔县至灵武县通车。[2]

---

① 马鸿逵：《十年来宁夏省政述要》，民国宁夏省政府秘书处编，第五册，建设篇，1942 年版，第 155 页。

② 陈育宁：《宁夏通史（近现代卷）》，宁夏人民出版社 1993 年版，第 199 页。

余 论

　　本书在对地方行政制度进行动力学分析和路径依赖分析时，是将地方行政制度作为因变量，研究制度变迁的原因以及阻碍制度变迁的依赖性因素。从分析的过程中可以看出中国政治制度是从中国历史文化传统的土壤中长成的，研究行政制度的变革必然要考虑文化的因素。同时，作为非正式制度的因素往往以一种观念和习惯的方式影响着政治生活，这种非正式制度在人们无意识的政治互动过程中形成巨大张力，对行政制度文化的传承和稳定起到重要作用。在对民国时期行政权力划分以及行政制度变迁进行动力学分析时，注重将制度外部和内部因素整合在一起，形成整体的动力学印象，再分别从细节进行理论的扩展、延伸和细化。对于财务行政制度和教育行政制度注重从公共性的本质出发进行分析，在考虑到效率与责任、手段与目的、过程与结果等平衡关系时认识行政制度所面对的公共利益的模糊性和社会群体的异质性。

　　在对地方行政制度进行效应分析时，则是将地方行政制度作为自变量，研究制度对其他社会要素所产生的作用。历史制度主义的核心是制度作用理论，新制度主义之所以"新"，重要的一点就在于"重新发现了制度"，并提出制度作用性的理论。制度作用在于它不仅仅是静态的框架，而且是塑造行动者日常行为的规范和结构，制度建立了一个交往的平台，设计了一套交往的规则，塑造交往者的偏好，制度可以说是牵系各个场域、各个关系与各个大规模过程之间的纽带。[①] 此外，本书考虑到历史制度主义的时间理论，对短期功能的考虑转为长期的效应分析更为合适。从以上的问题环境出发，可以发现"行政效应"的提出需要明确从一个主体指涉到另一个主体过程中不同主体的内涵，即制度规则系统的行动者与其他相关行动者作为主体所反映出来的广泛性。制度规则系统的行动者包括掌握和行使行政权力并做出行政行为的行政机关和行政人员，通过控制权力、财力及其他合法性资源，提供公共服务和公共物品。其他相关行动者则指规则体系中相关群体及群体的关系，包括经济、政治、军事和社会生活所涉及的公众群体及群体关系，也包括从地方到中央，从国内到国外诸方面政府群体及群体关系。此外，在效应分析中加入了"道德"判断，即所谓"正面"和"负面"，以表明基本的价值认同。民国时期宁夏地方行政制度的负面效应主要体现在以上所指的公共群体及其群体关系方面，而正面效应的分析则主要体现在政府群体及其群体关系方面。前者侧重于微观层面，后者更侧重于宏观层面。

对地方行政制度进行因变量和自变量的双重分析，主要目的还在于较为全面地理解民国时期地方行政制度所面对的内在制度困境以及存在的问题。虽然民国时期从 20 世纪 30 年代开始宁夏省政府秉承国民政府相关法令就一直不断进行自上而下的行政制度改革，以达到提高行政效率的目的，但大部分或者流于形式或者只具有短期效果，无法从根本上消除其与社会各方力量之间的矛盾。制度的内在困境和问题被集权专制文化固化，加之爆发的抗日战争和解放战争的影响，使这样一个在形式上勉强维持的行政制度的覆灭成为定局。

---

① 刘圣中：《历史制度主义——制度变迁的比较历史研究》，上海人民出版社 2010 年版，第196 页。

参考文献

一　当代著作及文史资料

周振鹤：《中国地方行政制度史》，上海人民出版社 2005 年版。

白钢：《中国政治制度史》，中国人民大学出版社 2005 年版。

夏书章：《行政管理学》，山西人民出版社 1985 年版。

周世逑：《行政管理学通论》，劳动人事出版社 1989 年版。

黄达强、刘怡昌：《行政学》，中国人民大学出版社 1988 年版。

李方：《行政管理学纲要》，中国劳动出版社 1989 年版。

俞可平：《当代各国政治体制——中国》，兰州大学出版社 1998 年版。

孙绵涛：《教育行政学》，华中师范大学出版社 1998 年版。

程幸超：《中国地方行政制度史》，四川人民出版社 1992 年版。

蔡放波：《中国行政制度史》，武汉大学出版社 2009 年版。

刘泽华：《专制权力与中国社会》，天津古籍出版社 2005 年版。

王国平、王建华、魏向东、朱小田等编著：《中国政治制度史纲》，江苏教
　　育出版社 1995 年版。

郝平：《孙中山与美国》，北京大学出版社 2000 年版。

杨树标:《蒋介石传》,团结出版社 1989 年版。

虞和平:《中国现代化历程》,江苏人民出版社 2001 年版。

荣仕星:《实用行政管理学》,人民出版社 2004 年版。

刘笃才:《极权与特权——中国封建官僚制度读解》,辽宁大学出版社 1994 年版。

史全生,高维良,朱剑:《南京国民政府的建立》,河北人民出版社 1987 年版。

陈谦平:《中华民国史新论》,三联书店 2003 年版。

丁国勇:《宁夏回族》,宁夏人民出版社 1993 年版。

陈育宁:《宁夏通史·近现代卷》,宁夏人民出版社 2008 年版。

师纶:《西北马家军阀史》,甘肃人民出版社 2006 年版。

陈连开:《中国民族史纲要》,中国财政经济出版社 1999 年版。

胡平生:《民国时期的宁夏省》(1929—1949),(台北)学生书局 1988 年版。

马戎:《民族与社会发展》,民族出版社 2001 年版。

余振贵:《中国历代政权与伊斯兰教》,宁夏人民出版社 1996 年版。

霍维洮:《近代西北回族社会组织化进程研究》,宁夏人民出版社 2000 年版。

马通:《中国伊斯兰教门宦溯源》,宁夏人民出版社 2000 年版。

勉维霖:《宁夏伊斯兰教派概要》,宁夏人民出版社 1981 年版。

毕遇辉:《西北回族与伊斯兰教》,宁夏人民出版社 1994 年版。

王伏平、王永亮:《西北地区回族史纲》,宁夏人民出版社 2003 年版。

王建学:《中国行政管理史》,辽宁人民出版社 1989 年版。

吴忠礼、刘钦斌主编:《西北五马》(中华民国史丛书),河南人民出版社 1993 年版。

刘寿林:《辛亥以后十七年职官年表》,中华书局 1966 年版。

吴忠礼:《宁夏近代历史纪年》,宁夏人民出版社 1987 年版。

金安江:《少数民族地区行政管理》,贵州民族出版社 1991 年版。

魏光奇:《官治与自治——20 世纪上半期的中国县制》,商务印书馆 2004 年版。

夏东元：《郑观应集》（上册），上海人民出版社 1982 年版。

许宪隆：《诸马军阀集团与西北穆斯林社会》，宁夏人民出版社 2001 年版。

丁明俊：《马福祥传》，宁夏人民出版社 2001 年版。

穆欣：《吉鸿昌将军》，人民出版社 1979 年版。

李国栋：《民国时期的民族问题与民国政府的民族政策研究》，民族出版社 2007 年版。

杨建新：《中国少数民族通论》，民族出版社 2005 年版。

荣渠：《现代化新论——世界与中国的现代化进程》，北京大学出版社 1993 年版。

李才栋：《中国教育管理制度史》，江西教育出版社 1996 年版。

张立荣：《中外行政制度比较》，商务印书馆 2002 年版。

李治安：《行省制度研究》，南开大学出版社 2000 年版。

秦闻一：《中国行政制度史纲》，中州古籍出版社 1991 年版。

杨鸿年：《中国政制史》，安徽教育出版社 1989 年版。

宁夏政协文史和学习委员会：《宁夏文史资料·第 6—26 辑》，宁夏人民出版社 1997 年版。

宁夏回族自治区政协文史资料研究委员会：《宁夏三马》，中国文史出版社 1988 年版。

中国人民政治协商会议甘肃省委员会文史资料研究委员会编：《甘肃文史资料选辑》（第二辑、第十六辑、第二十一辑、第二十四辑），甘肃人民出版社 1981 年版。

万仁元、方秋庆：《中华民国史史料长编》，南京大学出版社 1993 年版。

文史资料研究委员会：《宁夏历代行政设置沿革简编》，文史资料研究委员会 1982 年版。

李兴华、冯今源编：《中国伊斯兰教史参考资料》（上册），宁夏人民出版社 1985 年版。

关中：《健全文官制度的理念与作为》，（台北）铨叙部 1995 年版。

王永祥：《戊戌以来的中国政治制度》，南开大学出版社 1991 年版。

张金鉴:《行政学典范》,(台北)行政学会 1979 年版。

王亚南:《中国官僚政治研究》,中国社会科学出版社 2005 年版。

费孝通:《中华民族多元一体格局》,中央民族大学出版社 1989 年版。

叶祖灏:《宁夏的今昔》,台湾"商务印书馆"1969 年版。

翦伯赞:《中国通史参考资料近代部分》(修订本)下册,中华书局 1980
年版。

单远幕:《中国廉政史》,中州古籍出版社 1991 年版。

孔庆泰:《国民党政府政治制度史》,安徽教育出版社 1998 年版。

李国忠:《民国时期中央与地方的关系》,天津人民出版社 2004 年版。

刘圣中:《历史制度主义——制度变迁的比较历史研究》,上海人民出版社
2010 年版。

二 当代期刊、文集及学位论文

方卿:《专制与秩序——大一统国家形成研究》,博士学位论文,复旦大
学,2005 年。

孙发锋:《军政一体化与近代中国政治现代化的失败》,《常熟理工学院学
报》(哲学社会科学版)2009 年第 50 卷第 3 期。

袁文伟:《论中国近代军阀政治产生的社会根源》,《西北大学学报》(哲学
社会科学版)2009 年第 39 卷第 2 期。

刘有安:《民国时期的人口迁移与宁夏民族居住格局的形成》,《宁夏社会
科学》2011 年第 2 期。

霍维洮:《近代宁夏回族区域民族特点的形成》,《回族研究》2002 年第 1 期。

勉维霖:《宁夏回族伊斯兰教的教派分化浅谈》,《西北伊斯兰教研究》,甘
肃省民族研究所,1985 年。

周靖程:《民国时期宁夏政治史研究》,博士学位论文,中央民族大学,
2010 年。

何星亮:《中华民族文化的多元化和一体化》,《中国社会科学院报》2005
年 12 月 13 日。

马祖灵：《对回族形成年代的一点看法》，《回族研究》2002 年第 1 期。

余振贵：《宁夏穆斯林的变迁和宗教生活》，《西北伊斯兰教研究》，甘肃民族研究所编，1985 年。

冯今源：《中国伊斯兰教教坊制度初探》，《西北伊斯兰教研究》，甘肃民族研究所编，1985 年。

许宪隆、韦甜：《民初西北军政舞台的"变脸"艺术——论辛亥革命前后甘肃诸马军阀的角色转换》，《民族研究》2002 年第 2 期。

刘学懋：《朔方道建置初探》，《宁夏社会科学》1991 年第 2 期。

郑宝恒：《民国时期宁夏省行政区划变迁述略》，《宁夏党校学报》1999 年第 6 期。

苑丰：《近 30 年中国县政研究综述》，《东南学术》2008 年第 1 期。

张剑玉：《官僚制与现代民主政治》，博士学位论文，厦门大学，2007 年。

邱海平：《论中国政治经济学的创新及逻辑起点——基于唯物史观对于中国现代历史适用性的思考》，《教学与研究》2010 年第 3 期。

卢仲维：《孙中山"五权宪法"思想之评价》，《广西师范大学学报》（哲学社会科学版）1987 年第 3 期。

李默海：《孙中山的宪政思想及其实践问题研究》，博士学位论文，山东大学，2006 年。

陈明胜：《民国公民宣誓登记制度研究》，《史学集刊》2011 年第 6 期。

石作玺：《宁夏吴忠县志》（征求意见稿）选刊，《宁夏大学学报》（社会科学版）1982 年第 2 期。

林绪武、奚先来：《南京国民政府的省政府合署办公问题探析》，《南开学报》（哲学社会科学版）2007 年第 6 期。

答振益：《辛亥革命与民国时期回族文化运动》，《中南民族学院学报》2001 年第 6 期。

孙颖慧：《中国回教救国协会宁夏分会述评》，《回族研究》2005 年第 4 期。

周靖程：《马福祥民族思想分析》，《赤峰学院学报》2010 年第 4 期。

虎希柏：《虎嵩山与马鸿逵的三次合作办学》，《回族研究》2002 年第 2 期。

黄兴涛：《民族自觉与符号认同》，《"中华民族"观念萌生与确立的历史考察》，《中国社会科学评论》2002 年。

张正明：《论孙中山的民族主义，纪念辛亥革命 70 周年讨论会论文集》（下册），中华书局 1983 年版。

许宪隆：《伊斯兰背景下的西北穆斯林家族（上）——兼谈天水吴氏家族百年发展史》，《中南民族大学学报》2004 年第 24 卷第 3 期。

吕明灼：《儒学与民国政治》，《文史哲》1995 年第 3 期。

王曰美：《民国时期儒家政治思想的命运》，《北方论丛》2007 年。

马振犊：《南京国民政府时期蒋介石思想理论简析》，《民国档案》2003 年第 1 期。

冯今源：《试论儒家思想对中国伊斯兰教的影响和渗透》，《九州学林》2003 年秋季创刊号第 1 期。

马成良：《中国伊斯兰教与中国儒道思想关系浅析——兼与冯今源》，《王步贵二先生商榷》，《西北民族学院学报》（哲学社会科学版）1990 年第 3 期。

丁明俊：《论马福祥在现代回族文化教育史上的地位》，《回族研究》1998 年第 4 期。

傅荣校：《南京国民政府前期——1928—1937 年——行政机制与行政能力研究》，博士学位论文，浙江大学，2004 年。

孙宏云：《行政效率研究会与抗战前的行政效率运动》，《史学月刊》2005 年第 3 期。

刘山鹰：《论民主的价值》，《政治学研究》2006 年第 1 期。

孙立平：《中国近代史上现代化努力失败原因的动态分析》，《学习与探索》1991 年第 3 期。

徐秀丽：《中国近代史研究中的"革命史范式"与"现代化范式"》，《中国社会科学院院报》2006 年 6 月 30 日。

朱富强：《制度研究范式的现实分析思维——制度变迁和路径依赖问题》，《制度经济学》2012 年第 1 期。

马敏：《有关中国近代社会转型的几点思考》，《天津社会科学》1997年第
　　4期。

张康之：《走向现代化的行政价值选择》，《国家行政学院学报》2000年第
　　6期。

苑书义：《中国近代化历程述略》，《近代史研究》1990年第3期。

胡杨：《我国行政监督制度创新的路径依赖分析》，《江汉论坛》2010年第
　　2期。

三　民国时期出版的著作

施养成：《中国省行政制度》，商务印书馆1947年版。

叶祖灏：《宁夏纪要》，南京正论出版社1947年版。

陈柏心：《地方自治与新县制》，商务印书馆1942年版。

李宗黄：《新县制之理论与实际》，中华书局1945年版。

程方：《中国县政概论》，商务印书馆1939年版。

陈冰伯：《今日之县政》，商务印书馆1933年版。

傅作霖：《宁夏省考察记》，南京正中书局1935年版。

蒋介石：《中国之命运》（增订本），中央训练团1943年版。

陈之迈：《中国政府》（第一册），商务印书馆1945年版。

常乃德：《中国政治制度小史》，爱文书局1928年版。

张慰慈：《政治制度浅说》，神州国光社1920年版。

许崇灏：《中国政制概要》，商务印书馆1943年版。

杨熙时：《中国政治制度史》，商务印书馆1947年版。

马绍中：《中国地方行政制度》，中国文化服务社陕西分社1942年版。

程幸超：《中国地方行政制度史略》，中华书局1948年版。

周成：《民国地方自治纲要》，商务印书馆1929年版。

黎文辉：《中国地方自治问题之实际与理论》，商务印书馆1936年版。

董修甲：《中国地方自治问题》，商务印书馆1936年版。

闻钧天：《中国保甲制度》，商务印书馆1935年版。

江康黎：《行政学原理》，民智书局 1933 年版。

张金鉴：《行政学理论与实际》，商务印书馆 1935 年版。

四 民国时期出版的期刊、报告、方志和资料

民国宁夏省农林处：《宁夏省农政七年》，民国宁夏省农林处印 1946 年版。

马鸿逵：《十年来宁夏省政述要》（第一册至第八册），民国宁夏省政府秘
　　书处印 1942 年版。

张忠绂：《政治理论与行政效率》，《独立评论》（第 135 号），北平独立评
　　论社 1935 年版。

马福祥、马鸿宾、吴复安、王之臣纂修：《朔方道志》，华泰印书馆印行
　　1927 年版。

民国行政院县政计书委员会：《总理地方自治遗教》，民国行政院印 1930
　　年版。

民国商务印书馆编译所：《中华民国法令大全》，民国商务印书馆 1913 年版。

民国宁夏省政府秘书处：《宁夏省政府行政报告》，民国宁夏省政府秘书处
　　印 1936 年版。

西北研究社：《保甲制度研究影印本》，西北研究社印 1941 年版。

民国内政部公报处：《内政公报》，民国内政部公报处印 1936 年版。

民国财政部财政年鉴编纂处：《财政年鉴三编影印本》，民国财政部财政年
　　鉴编纂处印 1948 年版。

楼桐孙：《"地方自治"即实行"均权制"》，《地方自治专刊》1940 年第 1
　　卷第 16 期。

民国中央银行经济研究处：《民国三十一年上半期国内经济概况》，民国中
　　央银行经济研究处印 1942 年版。

民国政府教育部：《三十一年度各省市教育施政计划汇刊》，民国政府教育
　　部印 1942 年版。

民国政府教育部：《三十二年度各省市教育工作总检讨汇刊》，民国政府教
　　育部印 1943 年版。

民国政府教育部：《建立宁夏医学院案》，民国第三次全国教育会议报告 1939 年版。

李东岳：《马云亭先生年表》，《现代西北》1942 年第 2 卷第 6 期。

中国回教救国协会：《中国回教救国协会会刊》，北京清真书局 1940 年版。

安涧：《宁夏教育现况纪略》，《西北论衡》1934 年第 5 卷第 6 期。

金律和：《宁夏今日的教育》，《开发西北》1934 年第 1 卷第 6 期。

马兹廓：《临夏的回教人物》，《西北通讯》1948 年第 3 卷第 7 期。

周异斌：《中国地方行政制度讨论集》第一集，中央政治学校毕业生指导部 1944 年版。

宁夏资源志：《宁夏省政府》1946 年第 1 期。

五　民国作者文集汇编

孙中山：《孙中山选集》，人民出版社 1981 年版。

《中华民国史事纪要》编辑委员会编辑：《临时大总统宣言书》，《孙中山全集》第 2 卷，（台北）中华民国史料研究中心 1982 年版。

孙中山：《孙中山全集》第 9 卷，中华书局 1985 年版。

孙中山：《孙中山全集》第 5 卷，中华书局 1985 年版。

孙中山：《孙中山全集》第 1 卷，中华书局 1985 年版。

孙中山：《孙中山全集》第 3 卷，中华书局 1985 年版。

孙中山：《孙中山全集》第 7 卷，中华书局 1985 年版。

蒋介石：《科学的学庸》，《蒋公全集》第 1 卷，（台北）中国文化大学 1984 年版。

陈独秀：《独秀文存》第 2 卷，安徽人民出版社 1987 年版。

范长江：《中国的西北角》，新华出版社 1980 年版。

六　清代作者文集汇编

（清）张廷玉等：《明史·兵三》，中华书局 1974 年版。

（清）乾隆《宁夏府志·地理》，宁夏人民出版社 1992 年版。

（清）穆彰阿、潘锡恩等纂修：《大清一统志》，上海古籍出版社 1992 年版。

（清）陈日新纂修：《光绪平远县志》，《宁夏地方志》，宁夏社会科学院 1980 年版。

（清）左文襄公：《左文襄公全集》，杨书霖等编，（台北）文海出版社 1978 年版。

（清）升允、安维峻修纂：《甘肃新通志——建置志》，江苏广陵古籍刻印社 1989 年版。

（清）鄂尔泰等修：《八旗通志·兵制志三》，东北师范大学出版社 1985 年版。

（清）赵灿：《经学系传谱》，杨永昌、马继祖标注，青海人民出版社 1989 年版。

七　国外文献

［意］马基雅维利：《君主论》，潘汉典译，商务印书馆 1985 年版。

［美］埃德加·斯诺：《西行漫记》（1936 年著），东方出版社 2005 年版。

［日］博森、矢泽修次郎：《官僚制统治》，吴春波编译，民族出版社 1988 年版。

［德］马克斯·韦伯：《经济与社会》（下册），商务印书馆 1998 年版。

［德］卡尔·马克思：《政治经济学批判·序言》，人民出版社 1957 年版。

［美］古德诺：《政治与行政》，王元译，华夏出版社 1987 年版。

［英］艾瑞克·霍布斯鲍姆：《民族与民族主义》，李金梅译，上海人民出版社 2000 年版。

［苏］斯大林：《马克思主义和民族问题》，新华出版社 1950 年版。

［波斯］拉施特：《史集》第二卷，余大钧、周建奇译，商务印书馆 1997 年版。

［美］西里尔·E. 布莱克：《现代化的动力：一个比较史的研究》，浙江人民出版社 1989 年版。

［法］孟德斯鸠：《论法的精神》，严复译，上海三联书店 2009 年版。

〔英〕洛克：《政府论》，刘晓根译，北京出版社 2007 年版。

〔美〕戴维斯、诺思：《制度变迁的理论：概念与原因》，《财产权利与制度变迁：产权学派和新制度学派译文集》，上海三联书店、上海人民出版社 1994 年版。

〔美〕费正清：《剑桥中华民国史》（下卷），中国社会科学出版社 1993 年版。

〔美〕道格拉斯·诺思：《制度变迁理论纲要》，《改革》1995 年第 3 期。

〔美〕魏劳毕：《行政学原理》，约翰·霍普金斯出版社 1927 年版。

Greif，A. Genoa and the Maghribi Traders，*Historieal and Comparative Institution Analysis*，New York：Cambridge University Press，1998.

W. Wilson，*The Study of Administration*，Political Science Quarterly 2，June，1887.

L. Gulick & L. Urvick，*Papers on the Science of Administration*，Institute of Administration，N. Y.，1937.

J. M. Pfiffner，*Public Administration*，Ronald，N. Y.，1955.